KB021919

인생길 새롭게 열다

인생길 새롭게 열다

1쇄 인쇄 | 2015년 03월 02일
초판 발행 | 2015년 03월 10일

저자 | 원황철

책임편집 | 윤희경
표지디자인 | 어거스트브랜드
일러스트 | 이진이
편집디자인 | 이경숙

펴낸곳 | 이서원
펴낸이 | 고봉석
주소 | 서울시 서초구 신반포로 43길 23-10 서광빌딩 3층
전화 | 02-3444-9522
팩스 | 02-6499-1025
이메일 | books2030@naver.com
출판등록 | 2006년 6월 2일 제22-2935호

ISBN | 978-89-97714-42-1

이서원(iseowon)은 독자 여러분의 책에 관한 아이디어와 원고 투고를 기다리고 있습니다. 책으로 엮기를 원하는 아이디어가 있으신 분은 언제든지 이메일 books2030@naver.com로 간단한 개요와 취지, 연락처 등을 보내주십시오.

인 생 길
새롭게 열다

원 황 철 지음

이서원

지혜의 핵심 원리
새로운 사고방식
지혜로운 인생길

누구나 다 아는 인생길과는 다른 지혜로운 인생길이 있다.
지금까지 인류가 걸어간 인생길은 두 갈래였다. 하나는 속세에
서 사는 길이고 다른 하나는 출가해서 사는 길이었다. 지금까
지와는 다른 지혜로운 인생길은 그 동안 처럼 속세의 길 아니
면 출가의 길 둘 중의 하나가 아니라 속세와 출가의 길을 둘 다
함께 가는 인생길이다.

지금까지의 통념에서 보면 속세의 길이나 출가의 길 둘 중
하나만 가기도 힘든데, 어떻게 속세와 출가의 길 둘 다 함께 갈
수 있는지 상상이 되지 않는다. 하지만 지금까지의 통념을 벗
어난 새로운 사고방식으로 가면 지혜로운 인생길을 열 수 있다.

지혜로운 인생길을 여는 새로운 사고방식의 전형은 이미 2,500년 전의 공자에 의해 제시된 바 있다. 공자는 "나는 반드시 그 양단의 논리를 다 꺼내어 두드려보고 我叩其兩端 而竭焉"〈논어〉 9-7라며 대립되는 양극단의 논리를 다 두드려보는 폭넓은 사고방식의 본보기를 제시하였다.

최근에 한국의 대표적인 지식인으로 꼽히는 이어령은 "아시아 시대의 문명을 여는 키워드는 서구문명을 발전시켜 온 동전의 앞뒷면 선택 같은 이항대립二項對立의 '이것이냐 저것이냐 either-or'의 배제적 사고를 가위 바위 보와 같은 삼항순환三項循環의 '이것도 저것도'의 포함적 사고로 바꾸는 것"이라며 새로운 사고방식을 제의했다.

이처럼 '양단의 논리를 다' 그리고 '이것도 저것도'라는 새로운 사고방식으로 가면 '속세와 출가' 양단의 길을 다 그리고 '속세의 길도 출가의 길도' 함께 가는 지혜로운 인생길이 열리게 된다.

요즈음 "새로운 미래는 창의와 혁신으로 만들어진다"는 말들을 한다. 새롭고 독창적인 아이디어와 창조를 요구하는 세상이기 때문에 "새롭게 바라보고 이해하는 관점과 포괄적으로

인생길 새롭게 열다

전체를 조망할 수 있는 폭넓은 사고"가 필요하다는 것이다.

사람들이 '인문학적 상상력'을 이야기 하고, '융합과 통섭의 시대'를 외치고 있다. 이제 새롭게 바라보고, 폭넓게 사고하여 '창의와 혁신', '인문학적 상상력', '융합과 통섭'을 이루어낼 수 있는 새로운 사고방식을 터득해야 한다.

새로운 미래를 위해서도 또한 지혜로운 인생길을 위해서도 지금 우리 모두에게는 폭넓게 '양단의 논리를 다 꺼내어 두드려보고', '이것도 저것도 포함'하는 새로운 사고방식이 절실하게 필요하다.

이 책은 지혜의 핵심 원리로 풀어가는 새로운 사고방식을 제시하고 있다. 즉, '양단의 논리를 다 꺼내어 두드려보는' 그리고 '이것도 저것도의 포함적 사고'를 할 수 있게 해주는 실질적인 원리와 방법을 보여주고 있다. 지금까지 성인이나 현자들은 '양단의 논리를 다 꺼내어 두드려보라'든가 '이것도 저것도의 포함적 사고를 하라'고만 했지 그렇게 할 수 있게 해주는 구체적인 방법을 내놓지 않았다. 그래서 대부분 사람들은 그렇게 따라 하기가 어려워지니 그저 마냥 성인이나 현자에게 가르침을 구하는 수밖에 없는 처지에 있다.

누구나 이 책에서 제시하는 실질적인 원리와 방법에 따르면 성인이나 현자들과 같은 수준의 새로운 사고방식을 터득할 수 있게 된다. 이 새로운 사고방식의 원리와 방법은 필자가 지난 30여 년간 헤매고 좌절도 하면서 지극 정성으로 공을 들여 찾아낸 보배이다. 〈논어〉에 나오는 공자의 일이관지一以貫之를 화두로 삼아 공부하고 수행하면서 30여 년 만에 진정한 일이관지를 실현하는 지혜의 핵심 원리를 찾아내고 체득하게 되었다.

공자는 제자에게 "나는 많이 배워서 아는 것이 아니라, 하나의 이치로 꿰뚫고 있을 따름"이라며 하나로 모든 것을 꿰뚫는 '일이관지一以貫之'의 중요성을 일러주었다. 우리가 인생길을 지혜롭게 잘 헤쳐나가기 위해서는 끝없이 많이 배우는 것보다 공자의 말씀처럼 우주 자연과 인생의 모든 지혜를 꿰뚫는 하나의 원리를 파악하고 터득하는 것이 중요하다.

이 책은 지혜의 핵심 원리 하나로 모두 꿰는 새로운 사고방식을 체득하여 새로운 미래를 열고 지혜로운 인생길을 가게 해주는 길라잡이가 되어줄 것이다. 물론 기존의 사고방식과 다른 새로운 사고방식이 낯설어 처음에는 조금 혼란이 올 수도 있지만, 일단 따라가 보면 볼수록 단순 명료한 지혜의 맛을 알게 될 것이다.

1장에서 우주 자연의 모든 지혜를 꿰는 하나의 원리를 이해하고,

2장에서 지혜의 핵심 원리로 인생의 핵심을 꿰뚫어 보고,

3장에서는 새로운 사고방식으로 간결하게 정리하여 지혜로운 인생길을 꿰어볼 수 있게 하였다.

무엇이든 아는 만큼 보이고 필요한 만큼 들린다. 누구든 아는 만큼 보고 필요한 만큼 들으면서 한걸음씩 새로운 사고방식으로 지혜롭게 인생길을 열어 나가는데 이 책이 도움이 된다면 그만한 기쁨이 더 없을 것이다.

일리 산방에서

원황 철 두손모음

알려주기 아까울 만큼
소중한 지혜

권용주경희대 교수 · 김지은대구가톨릭대 교수 · 박덕병공주대 교수
변광인영남대 교수 · 심일운중앙대 교수

진짜 지혜는 귀하다. 진짜 지혜를 얻으면 정말 큰 보물을 얻은 것처럼 소중하게 여겨져 남에게 알려주기 아까운 마음이 들기 마련이다.

이 책에 담긴 지혜와 그 원리를 배워 깨우친 사람들에게 일단 공통적으로 나타나는 반응이 바로 "남들에게 가르쳐주고 싶지 않다"는 것이다. 우리들 교수 몇몇이 연구 모임을 만들어 이 책의 저자인 원황철 스승님에게 지혜의 핵심 원리를 배우고 나름대로 깨닫게 되었을 때 우리들 역시 아주 묘한 마음이 들었다. 모두에게 알려주고 싶으면서도 아무에게도 알려주고 싶지 않은 묘한 마음이 드는 것이었다.

그 뒤로 이러한 지혜와 원리를 대학에서 학과목으로 개설해

학생들에게 전하고 있는데, 역시 잘 깨달은 학생도 다른 친구들에게 가르쳐주고 싶어하지 않는다. 학생들은 "정말 큰 보물을 얻었다. 그래서 남들에게 안 가르쳐주고 싶다."고 말한다. 주위 친구들이나 부모님께 전하라고 해도 아직은 싫다고 한다. 그런 마음이 이해가 된다. 처음 배웠을 때 우리 자신도 그랬기 때문이다.

한편, 이 책에 담긴 지혜와 그 원리를 잘 깨달은 사람들에게 공통적으로 나타나는 또 하나의 반응이 있다. "더 어릴 때 진작에 알았더라면"하는 탄식 섞인 아쉬움이다. 우리 연구 모임의 교수들이 "20대 젊었을 때부터 알았으면 얼마나 좋았을까"하고 아쉬워했었는데, 대학생들은 이 수업을 배우고 나서 "초등학교 때부터 알았으면 얼마나 좋았을까" 이렇게 얘기를 한다.

결국 이 소중한 지혜를 더 일찍부터 알았더라면 자신에게 유용한 삶을 제대로 살 수 있었을 것이고 앞으로도 제대로 삶을 살 수 있지 않겠냐는 것이다. 일찍 이 소중한 지혜와 그 원리를 깨달을수록 더 큰 도움을 얻게 될 것이라는 말이다.

이와 같이 이 책에는 알려주기 아까운 마음이 들 뿐만 아니라 더 일찍부터 알았으면 하고 아쉬워할 만큼 소중한 지혜와 그 원리가 담겨 있다. 그러니 이 책을 모두에게 권하지 않을 수 없다.

이 책의 핵심은 소중한 지혜를 얻게 해주는 핵심 원리와 그 원리에 따른 새로운 사고방식이다. 대학에서 이 새로운 사고방식을 가지고 학생들과 토론 중심의 수업을 진행하고 있는데, 새로운 사고방식을 받아들인 학생들에게 다양한 반응이 나오고 있다.

예를 들어 경희대에서 셀프헬퍼십Self-Helpership을 주제로 수업을 배운 학생들이 공통적으로 보이는 반응은 '불안한 마음이 편해졌다', '생존에 자신이 있다', '남들이 쫓아가는 정해진 성공관이 아니라 자기들만의 성공관을 가지게 되었다'는 것이다. 그리고 '부모나 형제 주변 사람들과의 관계가 편해져 관계를 잘 하고 있다', '관계가 꼬여있던 것들이 많이 풀려서 몸도 건강해지고 마음도 편해졌다'고 한다.

어떤 학생은 자신의 변화를 이렇게 말했다.

"세월호 사건 이후 무엇인가 내 생존은 내가 알아서 해야 되겠구나. 과거에는 사회나 부모나 다른 사람들이 다 알아서 해주겠지 이렇게 생각했는데, 생존이라는 게 내가 정신차려서 해야 되는 거구나. 그런 생각을 많이 하게 되었고 그래서 불안했는데 이 수업을 하면서 생존에 대한 자신감이 생겼다."

인생길 새롭게 열다

요즘 많은 사람들이 직업이나 생존 때문에 상당히 불안한 상황에서 이 수업을 들은 학생들은 직업이나 생존이 보장된 게 아닌데도 자기 내면이 편안하니까 묵묵히 생존을 위해서 움직일 수 있게 되어 좋다고 했다.

나라 경제가 어렵고 취업이 힘든 상황임에도 이 수업 후에 학생들이 생존할 자신이 있다는 의지를 보이는 것이 교수로서 기성세대로서 여간 마음 든든한 일이 아닐 수 없다. 어려운 상황에서 제자들이 생존에 자신감이 있다고 했을 때 그 이상 더 바랄 것이 없다. 무엇을 해서라도 먹고 살 자신이 있다고 했을 때 이 새로운 사고방식이 정말 위대하다는 생각이 든다.

학생들은 초등학교부터 대학교까지 어떻게 살아야 하는지 한 번도 배운 적이 없다고 했다. 그래서 왜 이토록 힘들게 생존해야 하는지 정말 궁금했었는데, 학교 뿐만 아니라 부모도 누구도 알려주지 않았던 이 책의 새로운 사고방식을 통해서 정말 어떻게 사는 것이 잘 사는 건지 알게 되었다고 만족해한다.

그러다 보니 이 수업을 하고 나서 "정말 등록금이 아깝지 않아요."라고 말하는 학생들도 있다. "대학에 오길 잘했다"는 학생들의 말을 들으면서 이 수업을 통해서 전해주는 새로운 사고방식이 정말 유용한 사고방식이라는 것을 다시 확인하게 된다.

이 책에 제시된 새로운 사고방식은 힘든 세상을 어떻게 살아가야 하는지 찾고 있는 사람들에게 도움이 될 것이고, 경제적으로 힘든 상황 변화에 대처할 수 있는 길을 찾는 사람들에게 필요하다.

또한 인간 관계를 잘 하고 싶고, 인간 관계에서 상처 받는 것이 두렵거나 상처가 아픈 사람들에게 꼭 필요하다. 이 새로운 사고방식을 이해하고 받아들이는 순간 상처가 저절로 치유되기 때문이다.

이와 같이 어떻게 생존해야 하는지를 찾고 있는 사람, 인간 관계 잘 하고 싶다는 사람, 남에게 상처 받는 것이 두려운 사람, 생존을 어떻게 해야 하는지 불안한 사람, 왜 살아야 하는지 이렇게 힘든 생존을 하면서 왜 내 목숨을 잘 유지해야 하는지 궁금한 사람들에게 이 책의 새로운 사고방식을 강력히 권한다.

누구든지 이 책에 담긴 지혜와 그 원리를 잘 깨닫게 되면 역시 알려주기 아까운 마음이 들게 될 것이고, 더불어 더 일찍부터 알았더라면 하고 아쉬운 마음도 들 것이다. 그 만큼 소중한 지혜임을 느끼게 될 것이므로 말 귀를 알아듣는 세 살 때부터 가르쳐야 한다는 제안에도 수긍이 갈 것이다.

더욱 더 깨달음이 성숙해지면 이 새로운 사고방식이 분단 상황에 있는 남북한 문제도 해결 할 수 있고, 지구 온난화와 같은 어려운 난제들을 해결할 수도 있어 우리도 지구도 구할 수 있는 방법이라는 데 동의하게 될 것이다.

chapter 3

맞물림을 보라 맞물리게 하라   153

chapter 1

하나의 원리로
모두를 꿰는
진정한 일이관지

모든 것을 꿰는
하나의 원리를 찾다

세계의 4대 성인으로 꼽히는 공자가 '나의 길은 하나로 꿰어
있다_{吾道一以貫之}'고 했다. 공자의 말씀 그대로 나의 인생길이 하
나로 꿰어진다면 인생이 얼마나 단순 명료하고 깔끔하겠는가?

인생의 모든 것을 하나로 꿸 수 있는 원리를 안다면 그 하나
의 원리로 인생이 단순하고 명료하게 정리가 될 것이다. 그 하
나의 원리에서 인생의 정답이 나오게 되어 있으니 인생길을 깔
끔하게 갈 수 있다.

과연 그 하나의 원리는 어떤 것일까? 모든 것을 하나로 꿰는
원리는 멀리 있지 않다. 모든 것을 꿰고 있으니 당연히 가까운
곳에도 있을 수밖에 없다. 내 몸에도 있고, 내 생명에도 있고,

나의 주변과 세상에도 있다.

모두를 하나의 원리로 꿰는 '일이관지一以貫之'가 중요하다고 말한 공자는 과연 어떤 원리로 꿰었다고 한 것일까? 공자의 사상과 행동을 꿰고 있는 하나의 원리는 '인仁'이다. '남을 나처럼 사랑한다'는 '인仁'의 원리로 모든 것을 꿰고 있다는 것이다.

공자의 일이관지 원리는 공자의 사상과 행동을 모두 꿰고 있다고 할 수 있다. 하지만 그 밖에 다른 것들을 모두 꿰어내지는 못한다. 공자는 남을 나처럼 사랑하는 '인仁'의 원리로 자신의 사상과 행동을 모두 꿰었지만, 정작 남을 나처럼 사랑하는 그 '인仁'을 꿰고 있는 원리를 제시하지 못했다. 그러니까 어떤 원리로 남을 나처럼 사랑할 수 있는지가 없다. 남을 나처럼 사랑하는 것 자체도 꿸 수 있는 원리여야 진정으로 모든 것을 꿰는 하나의 원리가 되는 것이다.

공자의 제자들이 남을 나처럼 사랑하는 '인仁'을 실천하기 어려웠던 이유가 바로 그것이다. 남을 나처럼 사랑하는 '인仁'을 실천할 수 있는 원리가 없었기 때문에 공자의 사상과 행동을 따르기가 어려울 수밖에 없었다.

모든 것을 꿰는 하나의 원리는 공자의 '인仁' 속에도 있고, 예수의 '사랑', 부처의 '자비' 속에도 있다. 예수와 부처와 공자의 '사랑'과 '자비'와 '인仁' 모두를 꿰뚫고 있는 하나의 원리가 있

인생길 새롭게 열다

었다. 그리고 '태극', '중용' 사상을 비롯해 '뉴턴의 운동법칙', '양자역학' 등등 현인들의 가르침과 과학적인 진리, 그리고 세상사와 인생사의 모든 지혜 속에도 하나의 원리가 꿰뚫고 있었다, 바로 '맞물림의 원리'가 모든 것의 바탕을 꿰뚫고 있었다.

'맞물림의 원리'가 어째서 모두를 꿰뚫는 하나의 원리라고 하는 것인지, 무엇이 어떻게 맞물려 있다는 것인지를 살펴보기로 하자. 차근차근 살펴보면 '맞물림의 원리'가 지혜의 핵심 원리이며 진정한 일이관지의 원리라는 것을 깨닫게 될 것이다.

맞물림 원리가
세상의 근본 이치다

'맞물림 원리'가 모든 것을 꿰뚫는 하나의 원리라고 하는 말은 곧, 우주 자연의 모든 것이 맞물림 원리로 구성되고 작동한다는 뜻이다. '맞물림'이란 양극의 두 요소가 짝을 이루어 마주하고 있는 것을 가리킨다. 그러니까 모든 것이 양극의 두 요소가 짝을 이루어 마주하며 구성되고 작동하고 있다는 말이다.

다시 말해 세상을 구성하고 작동시키는 근본 원리가 '맞물림의 원리'라는 것이니, 세상은 양극의 두 요소가 맞물려야 돌아간다는 것이다. 세상은 맞물리지 않으면 돌아가지 않는다.

생명의 세계를 보자. 생명은 번식하며 생명을 이어간다. 번식은 기본적으로 암수가 짝을 이루어 맞물려야 가능하다. 사람도 남성과 여성이 짝을 이루어 새생명을 낳아 생명이 이어진다. 만약 지구상에 남성만 있거나 여성만 있다면 인간 생명은 사리지고 말 것이다.

생명 세계가 생명을 이어가는 번식의 원리가 맞물림이다. 번식하는 방식이 두 가지로 맞물려 있다. 암수가 짝을 지어 이루어지는 유성 생식과 암수가 없이 이루어지는 무성 생식이 있다. 생명 세계의 번식은 유성 생식과 무성 생식, 즉 암수가 맞물리는 유성 생식과 암수가 맞물리지 않는 무성 생식이 짝으로 맞물려 이루어진다. '암수가 맞물림'과 '암수가 맞물리지 않음'이 또한 맞물려 있는 것이다.

생명의 모든 현상에는 맞물림 원리가 들어 있다. 생명은 모든 유기체의 속성이고, 유기체는 살아있는 모든 것들이다. 살아있다는 것은 반드시 죽는다는 것을 뜻하니, 생명은 살아있음과 죽음이 맞물린다.

생명 현상에서 중요한 역할을 하는 단백질은 합성되고 분해되면서 합성과 분해가 맞물려 동적 평형을 유지한다.

복잡한 생명 현상 근본에는 단순한 핵산의 염기 배열이 있다. DNA 질소염기는 퓨린계와 피리미딘계가 맞물리고, 퓨린계는 아데닌과 구아닌, 피리미딘계는 시토신과 티민이 맞물린다.

우리 인류를 비롯해 수많은 생명체가 살고 있는 지구는 태양의 주위를 공전하고 있다. 지구에 사는 생명체들이 생명을 유지하려면 지구가 공전 궤도를 벗어나지 않아야 한다. 지구가 공전 궤도를 유지하려면 지구와 태양의 힘이 맞물려야 한다. 즉, 태양이 지구를 끌어당기는 중력과 지구가 원 밖으로 나가려는 원심력이 맞물려 균형을 이루어야 지구는 궤도를 벗어나지 않고 태양 주위를 계속 돌 수 있게 된다.

지구가 태양과 거리가 멀어져 태양의 중력이 적어지면 지구는 공전 속도를 줄여 원심력이 적어지게 만들어 균형을 유지하고, 지구와 태양의 거리가 가까워져 태양의 중력이 커지면 지구는 공전 속도를 높여 원심력도 커지게 만들어 균형을 유지하고 있다.

태양이 끌어당기는 중력만 있으면 지구는 태양으로 끌려들어가 타버릴 것이고, 지구의 원심력만 있으면 지구는 우주 속의 미아로 떠돌게 될 것이다. 태양의 중력과 지구의 원심력이 맞물려 지구의 생명체가 생명을 이어가고 있다.

*

우리가 매일 마주하는 얼굴에도 맞물림 원리가 들어있다. 얼굴을 잘 살펴보면 얼굴이 맞물림 원리로 구성되고 작동하고 있음을 알 수 있다.

먼저 얼굴의 눈, 코, 귀, 입의 짜임새를 보자. 눈과 귀가 가로로 자리하고 코와 입이 세로로 자리하며 가로와 세로로 맞물려 있고, 눈은 수평으로 귀는 수직으로 자리하며, 코는 수직으로 입은 수평으로 자리하며 수평과 수직으로 맞물려 있다.

가로로 자리한 눈과 귀는 둘씩 짝수이고, 세로로 자리한 코와 입은 하나씩 홀수로 짝수와 홀수가 맞물린다.

눈의 구멍은 눈동자로 채워져 있고, 귀의 구멍은 비워져 있어 채움과 비움이 맞물리고, 코의 구멍은 비워져 있고 입의 구멍은 속에 혀와 이가 채워져 있어 역시 채움과 비움이 맞물린다. 하나의 코에 콧구멍이 둘 있고, 두 입술에 하나의 입 구멍이 있어 하나와 둘, 둘과 하나가 맞물린다.

한편, 눈은 열렸다 닫혔다 하고 귀는 열렸다 닫혔다 하지 않으며, 입은 열렸다 닫혔다 하고 코는 열렸다 닫혔다 하지 않는다. 수평으로 자리한 눈과 입은 열렸다 닫혔다 하고 수직으로 자리한 귀와 코는 열렸다 닫혔다 하지 않아 맞물린다.

얼굴 위쪽에 자리한 눈은 위쪽 눈꺼풀이 위로 열렸다 닫히고, 얼굴 아래쪽에 자리한 입은 아래쪽 입술이 아래로 열렸다 닫히며 맞물린다.

얼굴이 놀란 표정일 때는 눈꺼풀은 위로 크게 열리고 입술은 아래로 크게 열리며, 무섭거나 두려울 때는 눈꺼풀은 아래쪽으로 입술은 위쪽으로 굳게 닫히며 맞물린다.

몸 전체도 앞과 뒤, 왼쪽과 오른쪽, 위와 아래, 안과 밖, 겉과 속이 맞물려 있다. 앞쪽의 가슴과 배, 뒤쪽의 등과 허리가 맞물리고, 위의 머리통과 아래의 몸통, 위의 팔과 아래의 다리, 왼쪽 팔 다리와 오른쪽 팔 다리, 뼈와 살이 겉과 속으로 맞물려 겉이 단단하면 속이 물렁하고 겉이 물렁하면 속이 단단하다.

✳

우주 탄생에 관한 이야기들도 맞물림 원리에 근간을 두고 있다. 동양의 문헌에서 가장 발달된 우주론이 담겨있다는 〈회남자淮南子〉의 천문에 관한 장天文訓에는 하늘과 땅의 이야기가 이렇게 나온다.

"맑고 위로 치솟는 것은 올라가 하늘이 되고, 무겁고 탁한 것은 엉겨 모여서 땅이 되었다. 맑고 미묘한 것은 모이기 쉽고, 무겁고 탁한 것은 응결되기 어려우므로 하늘이 먼저 이루어지고 땅이 나중에 터잡았다."

하늘과 땅은 맑음과 탁함, 가볍게 치솟음과 무겁게 엉겨 모임, 응결되기 쉬움과 어려움, 먼저와 나중이 맞물려 이루어졌다는 말이다.

서양의 문헌에서 〈성경〉의 창세기 1장에는 천지를 창조하는 이야기가 이렇게 나온다.

"빛이 있으라 하고 빛과 어둠을 나누시며 빛을 낮이라 부르고 어둠을 밤이라 부르시니라. 하나님이 자기 형상대로 사람을 창조하되 남자와 여자를 창조하시고 바다의 물고기와 하늘의 새와 땅에 움직이는 모든 생물을 다스리라 하시니라."

하나님은 빛과 어둠, 낮과 밤, 남자와 여자, 다스림과 다스려짐이 맞물리게 천지를 창조했다는 것이다.

과학적 연구에 의해 밝혀낸 우주 탄생의 신비는 대략 다음과 같다.

"우주는 약 138억 년 전에 대폭발로 탄생했고, 우주는 팽창 중이며 약 40억 년 전부터 더 빨라져 가속 팽창하고 있고, 그 원동력은 '암흑 에너지'다.

우주의 성분은 원자로 구성된 보통 물질이 우주 전체의 4~5%이며, 암흑 물질이 21~22%, 암흑 에너지가 74%이다."

우주 탄생의 '빅뱅'은 응축과 폭발이 맞물려 일어나고, 우주 팽창은 느린 팽창과 빠른 가속 팽창이 맞물리고, 우주의 성분에서 물질은 빛을 발하거나 반사하는 일반 물질과 빛을 발하지

도 반사하지도 않아 보이지 않는 암흑 물질이 맞물리고, 암흑
물질은 암흑 에너지와 맞물린다.

*

우리가 쓰는 언어에도 맞물림 원리가 들어 있다. 구조주의
언어학을 발전 시킨 야콥슨이 주장하는 언어의 이원적 대립성
은 언어의 맞물림 원리를 가리킨다.

예컨대 우리가 아름답다는 말을 할 때, 우리의 무의식 속에
는 아름다움의 반대 개념인 추함이 동시에 작용한다는 것이다.
이렇게 아름다움과 추함이 맞물리듯이 '희다' 는 단어를 떠올
리면 무의식 중에 이미 '검다'를, '크다'를 말하는 순간 '작다'를,
'닫혀 있다'를 생각하는 순간 '열려 있다'를 무의식적으로 맞물
리게 연상한다는 것이다.

학자들이 이르기를 '서양에서 언어의 이원적 대립성이라는
개념은 20세기 중반이 되어서야 등장하는데, 동양에서 노자는
2500년 전에 이원성 항목들의 상대성을 강조하고 있다'고 한다.

노자의 〈도덕경〉 2장은 이렇게 말한다.

"어려움과 쉬움은 서로 이뤄주며難易相成, 길고 짧음은 서로
비교하고長短相較, 높고 낮음은 서로 기울며高下相傾, 음과 성은 서

로 조화를 이루고 音聲相和, 앞과 뒤는 서로 따르니 前後相隨, 이것이 세계의 항상 그러한 모습이다 恒也"

이 세계는 어려움과 쉬움, 길고 짧음, 높고 낮음, 음과 성, 앞과 뒤가 맞물려 돌아가는 모습이라는 것이다.

이원성은 세계를 구분하는 기본 틀이다. 동서고금을 막론하고 똑같이 이원성을 세계를 바라보는 기본 틀로 삼았다. 양극의 두 요소가 맞물려 있는 상대 세계는 이원성일 수밖에 없다. 상대 세계는 나와 남, 하늘과 땅, 위와 아래, 안과 밖, 남과 녀, 낮과 밤 등등 양극의 두 요소가 맞물려 있는 이원성의 세계이다.

이원성은 대립성만 있는 것이 아니라 상호보완성이 있어 대립성과 상호보완성이 맞물린다.

＊

태극은 음과 양의 맞물림을 상징한다. 중용은 양극단을 붙잡아 맞물림으로 이루어진 균형을 말한다. 주역은 모든 사물과 현상을 음과 양이 맞물려 변화하는 원리로 설명한다.

불교의 중도는 속俗의 영역과 진眞의 영역이 맞물려 균형을 이루어 열린 다른 차원의 영역이다. 기독교 성경은 '창조주와 피조물', '아담과 하와'가 맞물리고, '너희가 내 안에, 내가 너희

안에 있어' 너희와 내가 맞물려 하나됨을 말한다.

노자의 화광동진 和光同塵 은 '빛이 조화롭게 먼지와 같게'를 뜻하며, 초월적 성스러움과 일상적 범속함의 대립적인 양자가 맞물려 통합되면서 더 높은 차원의 성스러움으로 나아간 것을 말한다.

물리학은 고전역학과 양자역학으로 맞물린다. 고전역학은 예측 가능한 결정론적 입장이고 양자역학은 예측 불가능한 확률론적 입장으로 예측 가능한 결정론의 영역과 예측 불가능한 확률론의 영역이 맞물린다.

뉴턴의 운동 법칙에서 작용과 반작용이 맞물린다. 관성은 정지와 운동이 양극으로 맞물리고, 가속도는 가해지는 힘에 비례하고 질량에 반비례하며 비례와 반비례가 맞물린다.

'카오스'는 뉴턴의 운동 법칙으로 예상하기 어려운 혼돈 현상을 말한다. 뉴턴의 운동 법칙이 적용되는 현상과 적용되지 않는 현상이 맞물린다.

헤겔의 변증법은 모순 대립하는 두 요소가 맞물려 통합되고, 그것에 대한 새로운 대립 요소가 다시 맞물려 또 통합되는 정반합을 제시한다.

칸트는 '날이 가면 갈수록 내게 더욱더 새로워지는 것은 저

하늘의 별과 도덕 법칙'이라면서 두 개의 세계에 대해서 말한다. '하늘에 있는 인과율의 세계'와 '인간 안에 있는 자율의 세계', 이렇게 인과율의 필연과 자율의 우연이 맞물린다.

서양의 자연철학은 만물의 생성과 통일이 양극의 긴장관계를 통해서 즉, 양극이 맞물려야 비로소 가능하다고 생각한다. 이와 같은 극성을 발견하는 일은 자연철학의 중요한 과제이다.

물리학자 리터는 가시광선의 반대극인 비가시광선을 연구하며 양극과 음극이라는 명칭을 처음으로 사용했다. 극성의 맞물림 원리에 기초하여 만들어진 양극과 음극의 명칭은 실험과학과 자연철학에서도 중요한 개념으로 작용하고 있다

'낭만주의의 반대편 극에는 과학적 이성이 자리'하고 있다. '반대 극을 내포하지 않은 낭만주의는 몽상적인 허황된 울림'이므로 '과학적 이성의 합리성과 창조적 판타지의 비합리성'이 맞물려야 통일과 완성의 의미가 살아난다.

*

하나 하나 따져보고 헤아려보면 결국 우주 자연의 모든 것이 맞물려 균형을 이룬다. 지속성이 있는 것은 모두 맞물려 균형을 이루는 것들이며, 지속성이 없는 것은 맞물리지 않아 치우친 것들이다. 지속성이 있는 것과 없는 것, 맞물려 균형을 이루

는 것과 맞물리지 않아 치우친 것이 또한 맞물린다.

양극이 맞물린 상대 세계의 반대편 극은 절대 세계이다. 양극이 있는 상대 세계는 양극이 없는 절대 세계와 맞물린다. 상대 세계의 지속성도 절대 세계의 지속성도 상대 세계와 절대 세계가 맞물려 균형을 이루어야 가능하다. 상대 세계만 있거나 절대 세계만 있다면 상대 세계도 절대 세계도 지속성을 유지할 수 없다.

유교에서 말하는 '인仁'의 실천은 성인聖人이 되는 길이고, 기독교에서 말하는 '사랑'의 실천은 천국으로 가는 길이고, 불교에서 말하는 '자비'의 실천은 열반으로 가는 길이다.

'남을 나처럼 사랑'하는 인의 실천도 '이웃을 사랑'하는 사랑의 실천도 '사랑하고 불쌍히 여기는' 자비의 실천도 '나'와 '남'이 맞물려 균형을 이루어야 가능하다. 나와 남의 즐거움과 고통을 모두 품어 즐거움과 고통이 맞물려야 '인', '사랑', '자비'를 실천할 수 있다.

따라서 '인', '사랑', '자비'를 실천할 수 있게 해주는 맞물림의 원리가 바로 성인이 되는 길의 열쇠이고, 천국으로 가는 열쇠이고, 열반으로 가는 열쇠인 셈이다. 맞물림의 원리를 알고 모든 것에서 맞물림을 실천하면 우리가 원하는 모든 길이 열리게 된다.

인생길 새롭게 열다

맞물림 원리의
5원칙

우주 자연과 세상은 맞물려 돌아가고, 맞물림은 일관된 원칙에 따라 이루어진다. 맞물림을 이루는 방법에 두 가지 원칙이 있고, 맞물림으로 일어나는 현상에 세 가지 원칙이 있다.

어떻게 맞물리는가

1 : **쌍생쌍멸**雙生雙滅의 원칙

짝이 되는 양극의 요소가 쌍으로 맞물린다, 한쪽 극이 사라지면 반대 극도 함께 사라진다.

2 : 순차성과 동시성의 원칙

짝이 되는 양극이 순차적으로 맞물림도 있고, 동시적으로 맞물림도 있다.

맞물려서 어떻게 되는가

1 : 균형력 작용의 원칙

　　짝이 되는 양극이 맞물리면 균형력이 작용하고, 맞물려
　　야 균형력이 작용한다.

2 : 생명력 생성의 원칙

　　짝이 되는 양극이 맞물리면 생명력이 생성되고, 맞물려
　　야 생명력이 생성된다.

3 : 다른 차원 열림의 원칙

　　짝이 되는 양극이 맞물리면 다른 차원이 열리고, 맞물려
　　야 다른 차원이 열린다.

쌍생쌍멸의 원칙

　맞물림은 양극이 함께 있을 때 이루어 진다. 양극의 두 요소
는 서로 반대되는 짝이다. 남자와 여자가 짝을 이루어 부부의
연을 맺으며 하나가 되듯이 서로 반대되는 양극의 두 요소는 짝
으로 맞물려 하나가 된다. 짝은 서로 반대되는 반쪽이 맞물려
하나가 되는 것이므로 다른 반쪽이 없으면 짝을 이루지 못한다.
서로 반대되는 양극이 짝으로 함께 있지 않으면 맞물림이 이루
어지지 않는다.

　우리가 밥을 먹을 때 쓰는 젓가락을 예로 들어 보자. 젓가락
은 둘이 맞물려 짝을 이루며 함께 있어야지 한 짝만 있으면 쓸

모가 없어진다. 젓가락은 서로 반대되는 힘이 짝으로 함께 맞물려야 제대로 쓸모가 있다.

이와 같이 맞물림은 양극이 함께 있으면 이루어지고 양극이 함께 없으면 이루어지지 않는다. 그래서 맞물림의 양극은 둘이 함께 생겨나고 둘이 함께 사라진다. 불교에서는 양극이 함께 쌍으로 생겨나고 양극이 함께 쌍으로 사라짐을 '쌍차쌍조雙遮雙照'라고 말한다. 그리고 물리학에서는 에너지가 완전히 질량으로 전환하고, 질량이 에너지로 완전히 전환할 때 양극이 쌍으로 나타내는 현상을 '쌍생쌍멸雙生雙滅'이라고 한다.

불교의 〈잡아함경〉에 이런 말이 나온다.

이것이 있으면 저것이 있고
이것이 생기면 저것이 생긴다.
이것이 없으면 저것이 없고
이것이 사라지면 저것이 사라진다.

〈잡아함경〉 13권 335

말 그대로 세상은 이것과 저것이 함께 생겨나고 사라진다는 것이다. 이것과 저것은 서로 반대되는 양극으로 맞물려 '쌍차

쌍조'하게 된다.

한편, 미국의 물리학자 앤더슨 _{Carl D.Anderson}이 에너지를 질량으로 또 질량을 에너지로 전환하는 실험에 처음으로 성공하면서 雙生雙滅이 명백한 사실로 드러났다. 엔더슨의 실험에서 광光에너지를 물질로 전환시킬 때 양전자와 음전자가 쌍으로 나타났고 또 양전자와 음전자를 합하니까 에너지로 전환되면서 완전히 쌍으로 없어져 버렸다.

무형인 에너지가 유형인 질량으로 전환할 때 음전자와 양전자가 쌍으로 나타나니까 雙生_{雙生}이고, 또 유형인 질량이 무형인 에너지로 전환할 때 양전자와 음전자가 쌍으로 없어지니까 雙滅_{雙滅}이다. 음전자와 양전자는 양극으로 맞물려 둘이 함께 생겨나고 둘이 함께 사라진다.

다른 예로 젓가락이 서로 반대되는 힘으로 맞물릴 때 한쪽 힘과 반대쪽 힘이 함께 생겨나고, 한쪽 힘이 사라지면 반대쪽 힘도 사라지게 되어 雙生雙滅이다. 그러니까 운동 법칙에서 작용과 반작용이 양극으로 맞물릴 때 작용과 반작용이 쌍으로 생겨나고 작용이 없어지면 반작용도 없어져 쌍으로 사라지게 되어 雙生雙滅이다.

이렇게 자연계를 포함한 모든 것은 서로 반대되는 두 가지 양극의 요소가 맞물려서 쌍으로 생겨나고 쌍으로 사라진다. 그러니까 우주 자연도 세상과 삶도 모두 양극이 맞물리면 함께 있고 양극이 맞물리지 않으면 함께 없어진다.

달리 말하면 이 세상 모든 것은 양극이 맞물려야 존재할 수 있고 양극이 맞물리지 않으면 존재할 수 없다는 것이다. 이 세상이 존재하기 위해서는 서로 반대되는 양극이 맞물려야 한다는 것이다.

동양의 고대 사상가 노자도 "이 세계의 모든 것은 반대편과의 관계 속에서 비로소 존재한다"는 사상을 펼쳤다. 서강대 철학과 최진석 교수는 노자가 말하는 도道는 "이 세계가 반대되는 두 계열의 범주로 꼬여 있다는 원칙"을 가리킨다고 설명한다.

노자가 말하는 '반대되는 두 계열'은 양극이고, '꼬여 있다'는 것은 맞물려 있다는 뜻과 같다. 다시 말해 '반대되는 두 계열이 꼬여 있음'은 '양극이 맞물려 있음'을 말하는 것이며, 그러한 원리 원칙을 바로 도道라고 하는 것이다.

순차성과 동시성의 원칙

맞물림은 양극이 순차적으로 또는 동시적으로 이루어진다. 우주 자연도 세상과 삶도 양극이 순차적으로 또는 동시적으로 맞물려 돌아간다.

우리는 오늘 하루도 낮과 밤이라는 양극이 순차적으로 맞물리면서 돌아가는 사실을 경험한다. 지구의 한 지역에서 보면 낮과 밤이 순차적으로 맞물리지만 지구 전체에서는 한쪽이 낮이면 반대쪽은 밤이고, 한쪽이 밤이면 반대쪽은 낮이 되어 동시적으로 맞물려 있다. 이렇게 지구에서 낮과 밤은 부분에서는 순차적으로 맞물리고, 전체에서는 낮과 밤이 동시적으로 맞물려 돌아가고 있다.

이렇게 낮과 밤처럼 양극의 맞물림은 균형을 이루면서 변화하고 순환한다. 하루와 1년 사계절 속에서 양극이 맞물려 균형을 이루면서 일어나는 변화는 눈 앞에서 경험하는 사실이라 특별하게 증명할 필요가 없기 때문에 불교에서도 '모든 형상은 변하고 있다'는 뜻의 '제행무상諸行無常'을 모든 것은 변하고, 실체가 없고, 괴로움을 낳는다는 세 가지 진리 중 가장 먼저 꼽고 있다.

이 세상은 변화하고 순환하면서 돌아간다. 변화와 순환의 핵심에는 맞물림이 들어 있다. 변화와 순환은 양극이 순차적으로 그리고 동시적으로 맞물리면서 일어나고, 양극이 맞물리면서 변화와 순환은 균형을 이루어 나간다.

다시 말해 양극이 맞물리지 않으면 변화와 순환이 일어날 수 없고, 균형을 이루지 못하면 변화와 순환은 이어질 수 없다. 양극이 맞물려 균형을 이루지 못하고 한쪽 극으로 치우치거나 기울어지면, 또한 한쪽 극이 지나치거나 모자라면 변화와 순환은

인생길 새롭게 열다

곧 사라져 버리고 만다.

균형력 작용의 원칙

우주 자연은 균형을 이루어야 유지될 수 있다. 어느 한쪽으로 치우쳐 균형을 잡지 못하면 우주 자연은 무너지고 만다. 그래서 우주 자연은 맞물림의 원리에 따라 어느 한쪽으로 치우침이 생기면 반드시 반대쪽이 맞물리게 하여 균형을 잡음으로써 스스로를 유지해나간다.

세상이 지속적으로 유지되려면 한쪽으로 기울어지거나 치우치지 않고 균형이 이루어져야 한다. 균형이 이루어지려면 서로 반대되는 양극이 맞물려야 하고, 양극이 맞물리면 균형력이 작용한다.

사람들은 자신이 바라는 것은 이루어지지 않고 나쁜 방향으로만 일이 전개되는 것을 '머피의 법칙'이라고 한다. 예를 들어 시험 공부를 아주 열심히 했는데 시험 문제가 마침 놓치고 보지 못한 곳에서 나오는 경우가 있다. 세상은 맞물림으로 균형력이 작용하게 되어 있기 때문에 시험 점수에 집착하며 공부를 열심히 해 치우치면 반대로 시험을 망치게 되며 맞물려서 균형력이 작용한다.

너무 편안하게 쉬고 싶어하며 치우치면 옆에 조용히 있던 아이들이 갑자기 수선을 피우기 시작해 정신 없게 만든다든지, 지나치게 마음이 조급해져 치우치면 자동차가 고장 나거나 도로가 정체되어 늦어지게 되며 맞물려 균형력이 작용한다.

흔히 여름에 더위가 심하면 반대로 겨울에 추위가 심해져 더위가 심한만큼 심한 추위가 맞물려 균형력이 작용한다. 만약 여름에 더웠던 만큼 겨울에 추워지지 않아 치우침이 생기면 하다못해 자연재해와 같은 다른 반대 요소가 맞물려 균형을 이루게 된다.

생명력 생성의 원칙

참 세상은 있는 그대로 온전한 세상이다. 참 세상은 거짓이 없는 세상이 아니다. 참과 거짓이 맞물려야 있는 그대로 온전한 참 세상이 열린다. 참만 있고 거짓이 없거나 참은 없고 거짓만 있는 반쪽 세상은 생명이 태어나고 이어질 수 없다.

우주 자연이 살아 움직이게 만드는 생명력의 근원은 바로 맞물림이다. 생명력은 양극이 맞물려 균형을 이룰 때 생명력이 생겨난다.

과학자들의 연구에 의하면 우주는 138억년 전에 대폭발로 생겨났고, 원소 알갱이들이 서로 부딪히며 흩어졌다 뭉쳤다를 수도 없이 반복하면서 별이 생겨나고, 수많은 별이 폭발해 흩어진 원소 알갱이들이 뭉쳐서 지구가 만들어지고, 생명이 탄생했다는 것이다. 대폭발은 그 이전의 압축과 맞물렸고, 충돌과 폭발로 원소 알갱이들이 흩어짐과 다시 뭉침이 맞물려서 생명이 탄생하게 된다.

1978년 노벨 물리학상을 수상한 과학자 새뮤얼 팅 Samuel C.C. Ting은 "우주에서 암흑물질은 반 反암흑물질과 충돌하면서 보통 전자 -전자와 반 反전자 +전자를 만든 뒤 소멸한다."고 말한다.

우주는 암흑물질과 반암흑물질이 맞물리고, 전자와 반전자가 맞물린다. 암흑물질과 반암흑물질이 충돌하며 빛에너지가 되어 함께 사라지면서 전자와 반전자가 함께 생겨나는 쌍생쌍멸의 맞물림이 실현되고 있다.

우주도 별도 지구도 생명도 양극의 두 요소가 맞물림으로써 탄생한다. 인간과 동물의 새로운 생명은 암컷과 수컷의 정자와 난자의 맞물림으로 탄생한다. 지구의 생명력도 공전과 자전의 맞물림, 공전 궤도에서의 구심력과 원심력, 대기권 안과 밖, 낮과 밤, 한대와 열대 등등 양극의 두 요소가 맞물림으로써 유지되고 있다.

흔히 우리 삶에서 일어나는 일이나 현상들도 맞물림으로 생명력이 생겨나고 사라진다. 남녀 사이의 연애 전략의 하나로 꼽히는 '밀당'도 맞물림이다. 서로 밀고 당기기가 맞물려야 연애가 살아나지, 밀어내기만 해도 당기기만 해도 연애가 생명력을 잃게 된다.

사랑도 마찬가지로 만남과 헤어짐이 맞물려야 사랑도 생명력이 살아나지, 헤어짐의 아쉬움이 없거나 헤어질 일이 아예 없이 만남만 있으면 사랑이 생명력을 잃는다. 결혼한 부부에게 이혼의 가능성이 전혀 없다면 그 결혼 생활은 생명력을 잃어 무료해질 수밖에 없다.

이렇게 어떤 사물이나 현상이든 맞물리면 생명력이 생겨나고 맞물리지 않으면 생명력이 사라지게 된다.

다른 차원 열림의 원칙

맞물림은 생명력 뿐만 아니라 다른 차원이 열리게 만든다. 양극의 두 요소가 맞물려 균형을 이루면 양극의 두 요소와는 다른 차원이 열리게 된다.

예를 들면 우리가 사용하는 전기는 N극 자기와 S극 자기가 맞물려 균형을 이루면서 생겨난다. 양극의 자기가 맞물려 균형을 이루면 다른 차원이 열려 자기와는 차원이 다른 전기가 생겨나는 것이다. 빛은 입자와 파동의 맞물림 균형으로 열린 다른 차원이고, 물은 산소와 수소의 맞물림 균형으로 열린 다른 차원이다.

더 자세히 말하자면 양극성 차원에 있는 양극의 두 요소가 맞물려 균형을 이루어 열린 다른 차원은 통일성 차원이다. 그러니까 N극 자기와 S극 자기는 양극성 차원이고 전기는 통일성 차원이다. 입자와 파동, 산소와 수소는 양극성 차원이고 빛과 물은 통일성 차원이다.

일상 생활의 평범한 사실들을 다루면서 지혜로운 삶의 방식을 제시한 동양의 고전 〈채근담〉에는 이런 말이 나온다.

고요한 속에서의 고요함은 참다운 고요함이 아니다
소요한 가운데서 고요함을 지녀야만 비로소
심성의 참 경지를 얻었다 할 것이다

즐거움 속에서의 즐거움은 참다운 즐거움이 아니다
괴로움 속에서 즐거운 마음을 지녀야만 비로소
마음의 참 기틀을 얻었다 할 것이다

靜中靜 非眞靜 動處 靜得來 纔是性天之眞境
樂中樂 非眞樂 苦中樂得來 纔見心體之眞機

〈채근담 88장〉

참다운 고요함은 고요함 속에서 고요함이 아니라 소란함 가운데서 고요함이 맞물려 균형을 이룸으로써 열린 다른 차원이다. 참다움은 온전함이다. 온전한 고요함은 고요함만 있는 반쪽이 아니라 소란함의 반쪽과 고요함의 반쪽이 맞물림으로써 온쪽이 되어 열린 다른 차원이다.

참다움은 온전함이고 다른 차원이다. 참다운 사랑은 온전한 사랑이고 다른 차원이다. 참다운 사랑은 사랑만 있는 것이 아니라 사랑과 미움의 맞물림 균형으로 열린 다른 차원이다. 또한 참다운 행복은 온전한 행복이고 다른 차원이다. 참다운 행복은 행복만 있는 것이 아니라 행복과 불행의 맞물림 균형으로 열린 다른 차원이다.

참 세상은 반쪽과 다른 반쪽이 맞물려 균형을 이루어야 열린다. 온전한 세상은 양극성 차원에서 참과 거짓이 양극으로 맞물려 균형을 이루어 통일성 차원이 열린 세상이다. 참 세상, 온전한 세상을 원한다면 양극이 맞물림 균형을 이루어 다른 차원이 열리도록 해야 한다.

chapter 2

인생 핵심
꿰뚫어 보기

인생에는
정답이 있다

많은 사람들이 '인생에는 정답이 없다'고 말하거나 묵인한다. 정녕코 인생에는 정답이 없는 것일까? 한 번쯤 따져봐야 하는 말이 아닌가? 인생에 정답이 없다면 '어떻게 인생을 살라는 말이냐'고 말이다.

어떤 이는 "인생에는 정답이 존재하지 않는다. 정답이 없는 까닭에 오답 또한 존재하지 않는다"며 "오직 나 자신만의 답이 존재할 뿐"이라고 말한다. 또 다른 이는 "인생에 정답이 없다. 인생에는 선택만 있다"고 말한다. 과연 '인생에 정답이 없다'는 것이 정답인가?

정답이 없다면 오답도 없는 것이 당연하다. 정답과 오답, 맞고 틀림은 맞물려 있어 양쪽이 함께 생겨나고 함께 사라지게 되어 있기 때문이다. 그렇게 정답도 없고 오답도 없다면 아무 답도 없다는 말이다. 그런데 나 자신만의 답이 있다는 말이 성립될 수 있는 것인가? 아무 답도 없는 상태에서 나만의 답이 답일 수 있는 것인가?

나만의 답이 답일 수 있으려면 그것이 답이라고 할만한 기준이 있어야 한다. 기준이 있어야 기준을 근거로 답이냐 아니냐를 가늠할 수 있다. 기준이 없다면 답이냐 아니냐를 가늠할 수 없고, 나만의 답이 어떤 기준을 근거로 해서 나온 답이라면 그것은 기준에 맞는 답이므로 바로 정답이 되는 것이다.

또한 인생에 정답은 없고 선택만 있다는 말은 어떤가. 선택을 하려면 선택의 기준이 있어야 한다. 기준이 없으면 선택을 할 수 없다. 기준이 있다면 기준에 따라 결정된 선택은 맞는 선택이 되고, 맞는 선택은 맞는 답 즉, 정답이 될 수밖에 없다.

정답이 있느냐 없느냐는 곧 맞고 틀림을 가늠할 기준이 있느냐 없느냐의 문제이다. 기준이 있으면 정답이 있고 기준이 없으면 정답도 없다. 또한 기준 그 자체의 맞고 틀림은 바로 우주 자연의 이치를 근거로 가늠할 수 있다. 그러므로 우주 자연의 이치에 맞으면 맞는 기준이 되고, 맞는 기준에서 맞는 답 즉, 정답이 나오게 된다.

인생길 새롭게 열다

인생의 정답이란 인생을 잘 사는 길이나 방법을 말한다. 인생을 잘 사는 길이나 방법은 인생의 목적과 목적에 이르는 과정이나 수단에서 나온다. 그러므로 우주 자연의 이치에 맞는 인생의 목적, 그리고 그 목적에 이르는 과정과 수단이라면 그것이 인생의 정답이 된다.

예를 들어 인생의 목적이 행복이라면 우주 자연의 이치에 맞는 행복 그리고 행복에 이르는 과정이나 수단이 인생의 정답인 것이다. 인생의 목적과 그 목적에 이르는 과정과 수단은 하나일 수도 있고 아주 다양할 수도 있다. 그러므로 인생에는 하나의 정답이 있을 수도 있고 다양한 정답이 있을 수도 있다.

인생길은 목적을 향해 가는 길이다. 인생길을 정처 없는 나그네처럼 목적 없이 가면 방황할 수밖에 없다. 인생에는 정답이 없다면서 피하지 말고 인생의 정답이 무엇인지 헤아려서 정리해야 한다. 인생의 정답은 인생을 잘 사는 길과 방법을 말하는 것인데, 인생에 정답이 없다고 하면 인생을 잘 사는 길과 방법이 없다는 말이 되고 만다.

인생의 정답은 우주 자연의 이치에서 나온다. 우주 자연의 이치에 따라 순리대로 사는 것이 곧 인생의 정답이다. 우주 자연의 이치, 모든 것을 꿰뚫는 하나의 원리가 '맞물림의 원리'라면 맞물림의 원리에 따라 사는 것이 인생의 정답인 것이다.

우주 자연의 이치에 따라 순리대로 사는 인생에는 정답이 있다. 다시 말해 우주 자연의 이치, 모두를 꿰뚫는 일이관지의 '맞물림 원리'에 따르는 인생에는 정답이 있다. 수학의 원리에서 정답이 나오듯이 지혜의 핵심 원리인 맞물림의 원리에서 인생의 정답이 나오기 때문이다.

인생길 새롭게 열다

삶의 방식은
두 갈래이다

삶의 방식이 삶의 질과 삶의 결과를 결정짓는 핵심이다. 그러므로 누구나 삶의 질을 높이고 삶의 결과가 원하는 대로 이루어지기를 바란다면 그렇게 만들어줄 삶의 방식을 찾아서 갖추어야 한다.

과연 어떤 삶의 방식이 삶의 질을 높여줄 수 있을까? 삶의 질을 높여줄 삶의 방식의 출발점은 사고 방식에 있다. 삶의 방식은 곧 사고 방식과 행동 방식인데, 행동 방식은 사고 방식에 따라 크게 영향을 받기 때문에 삶의 방식을 결정 짓는 출발점은 사고 방식이다.

흔히 사람들 각자 삶의 방식이 다양하게 달라 보이지만 크게 보면 두 갈래일 뿐이다. 왜냐하면 삶의 방식의 출발점에 있는 사고 방식이 본래 두 갈래이기 때문이다.

　사람들은 세상을 살아가는 방법에는 두 가지 태도가 있고, 생각의 원리에는 두 갈래 길이 있다고 말한다. 세상을 살아가는 방법에서 두 가지 태도는 낙관과 비관이고, 생각의 원리에서 두 갈래 길은 긍정과 부정이라는 것이다. 그러니까 긍정적인 생각의 갈래에서 낙관적인 삶의 태도가 나오고, 부정적인 생각의 갈래에서 비관적인 삶의 태도가 나오게 된다는 말이다.

　이처럼 사람들은 인생을 '긍정적으로 생각하며 낙관적인 태도로 살아갈 것인가', '부정적으로 생각하며 비관적인 태도로 살아갈 것인가'의 두 갈래 길이 있을 뿐이라고 여긴다. 그래서 사람들은 두 갈래의 길 중에서 하나를 선택할 수 밖에 없다는 결론을 내린다. 물론 사람들은 이왕이면 부정적이고 비관적이기보다 긍정적이고 낙관적인 생각과 태도로 사는 길을 가고 싶어한다.

　이렇게 긍정과 부정 두 갈래가 있다고 생각하며 두 갈래 중 하나를 선택할 수밖에 없다고 생각하는 사고 방식을 이분법적 사고 방식이라고 한다. 이분법적 사고 방식은 세상을 두 쪽으로 나누고 둘 중 한쪽을 선택하고 반대쪽은 배제해버리는 방식이므로 '배제적 사고 방식'이라고도 한다.

흔히 말하는 긍정적 사고 방식과 부정적 사고 방식으로 나누고서 부정적 사고 방식은 버리고 긍정적 사고 방식을 취하려는 사고 방식이 이분법 배제적 사고 방식이다. 이와 달리 긍정적 사고 방식과 부정적 사고 방식 양쪽을 모두 품는 '합일법 포함적 사고 방식'이 있다.

사람의 생각과 태도는 긍정과 부정, 낙관과 비관 둘로 나뉘게 되므로 애당초 '이분법'인 것이고, 둘 중의 하나만 선택하느냐 둘 다 품느냐에 따라 사고 방식이 두 갈래로 갈린다. 즉, 한 갈래는 둘 중 하나만 선택하는 양자택일의 이분법 배제적 사고 방식이고, 다른 갈래는 둘 다 품는 양자합일의 합일법 포함적 사고 방식이다.

양자택일의 배제적 사고 방식이 단면적이고 평면적이라면 양자합일의 포함적 사고 방식은 양면적이며 입체적이라고 볼 수 있다. 단면적이고 평면적인 사고 방식에서 양면적이고 입체적인 사고 방식으로 가려면 사고 능력이 확장되어야 한다. 사고 능력이 확장되려면 의식의 능력이 확장되어야 한다.

삶의 방식의 출발점이 되는 사고 방식이 두 갈래이기 때문에 삶의 방식도 두 갈래가 된다. 한 갈래는 양자택일의 배제적 사고 방식에 의한 삶의 방식이고, 다른 갈래는 양자합일의 포함적 사고 방식에 의한 삶의 방식이다.

이제까지 인류가 직면한 모든 문제는 양자택일의 이분법 배제적 사고 방식에서 비롯된 것이다. 모든 문제의 원인은 결국 양쪽이 균형을 이루지 못하고 한쪽으로 치우침에 있다. 그러니까 양자택일의 방식으로 한쪽을 선택하고 반대쪽을 배제하여 한쪽만 있고 반대쪽은 없는 치우침에서 모든 문제가 일어나는 것이다.

지금 사람들에게 아주 익숙하게 배어있는 양자택일의 배제적 사고 방식으로 그대로 삶을 살아갈 것인지, 아니면 낯설지만 양자합일의 포함적 사고 방식으로 새롭게 삶을 살아갈 것인지를 신중하게 검토하고 결정해야 한다.

누구든 밝고 맑은 삶의 길로 가려면 양쪽이 맞물려 하나가 되는 양자합일의 포함적 사고 방식으로 균형을 이루는 삶의 방식으로 가야 한다. 아주 익숙해져 버린 양자택일의 배제적 사고 방식에 의한 삶의 방식으로 가면 균형을 이루지 못하고 치우쳐 어두운 삶의 길로 빠져들게 될 것이다.

우리가 어떤 인생을 살아가느냐는 것은 바로 어떤 삶의 길을 선택하느냐는 것이다. 길은 곧 방식이므로 삶의 길은 삶의 방식이다. 밝고 맑은 삶의 길로 가려면 밝고 맑은 삶의 방식을 선택해야 하고, 밝고 맑은 삶의 방식은 양자합일의 포함적 사고 방식에서 시작된다.

인생길 새롭게 열다

사람의 욕구는
두 갈래이다

    사람들은 인생을 살면서 자신의 욕구가 채워지면 만족하고 욕구를 채우지 못하면 불만을 나타낸다. 흔히 말하는 행복도 욕구가 얼마나 충족되는가에 달려 있다. 욕구가 충분히 채워지면 행복하고, 욕구가 충분히 채워지지 않으면 행복하지 않다고 여기게 된다.

    사람이 지닌 욕구는 다양하고 복잡하다. 기본적으로 식욕, 성욕, 수면욕에서부터 성취욕, 소유욕, 명예욕, 권력욕 등등 사람이 원하는 것, 하고 싶은 것 모두가 욕구이다. 그러나 사람의 욕구를 근본적으로 살펴보면 두 갈래뿐이다. 하나의 갈래는 '생존 욕구'이고, 다른 한 갈래는 '존재 욕구'이다.

생존 욕구와 존재 욕구가 어떤 것인지는 글자에 그대로 담겨 있다. 생존生存은 '살 생生'과 '있을 존存'이므로 '살아 있음'을 말하고, 존재存在는 '있을 존存'과 '있을 재在'이므로 있고 있어 '늘 있음'을 말한다. 그러니까 생존 욕구는 '살아 있고자' 하는 욕구이고, 존재 욕구는 '늘 있고자' 하는 욕구이다.

생존도 존재도 모두 '있음'에서는 같다. 다만 생존의 '살아 있음'은 곧 '죽어 없음'과 맞물리게 되므로 생존의 '있음'에는 끝이 있고, 존재의 '늘 있음'은 있고 또 있음으로 이어지므로 존재의 '있음'에는 끝이 없는 것이 다르다.

사람에게는 살아 있으려는 생존 욕구와 늘 있으려는 존재 욕구가 맞물려 있다. 살아 있으려는 생존 욕구는 사람과 동식물 등 모든 생명체에게 똑같은 욕구이지만, 늘 있으려는 존재 욕구는 사람에게만 나타나는 특별한 욕구이다. 모든 생명체는 살아 있으려고 욕구하지만 죽음으로 끝을 맞이하게 되는데, 사람만은 죽음으로 끝을 맞이하면서도 끝이 없이 늘 있으려고 욕구한다.

사람은 유한하게 생존하지만 무한하게 존재하고자 한다. 그래서 사람에게는 종교가 생겨났다. 사람들은 종교를 통해서 늘 있으려고 하는 존재 욕구, 다시 말해 무한하게 존재하려는 욕구를 해결하려고 한다. 사람들은 무한하게 존재할 수 있다는 확실한 믿음을 주는 종교를 선택해 종교인이 되거나, 어디에도 믿음이 가지 않으면 어느 종교도 선택하지 않고 비종교인으로 살아간다.

사람은 종교를 선택하든 선택하지 않든 간에 유한하게 살아 있음 그것만의 충족으로는 만족할 수가 없다. 물론 살아 있음 그 자체만으로도 만족스러울 수 있겠지만 잠시만 가능할 뿐이다. 누구나 무한하게 늘 있음을 충족하지 않고는 죽음으로 끝나는 유한한 삶의 그 허무함을 벗어나기 어렵다.

인생길은 유한한 생존 욕구와 무한한 존재 욕구를 충족시키기 위해 노력하는 길이다. 일부 과학자들이 "사람은 자기의 한계를 알면서도 거기에 머물려고 하지 않는 동물"이라고 정의한다. 사람은 한계가 있는 유한한 생존 욕구 차원에서는 동물과 같지만, 거기에 머물지 않고 무한한 존재 욕구 차원으로 가려고 하므로 동물과 차원이 다르다.

사람은 동물 같이 살아 있으려고 욕구하고, 동시에 동물과 달리 늘 있으려고 욕구한다. 사람은 동물과 달리 생존 욕구와 존재 욕구가 함께 맞물려 있다. 유한하고 무한한 두 갈래 욕구의 양쪽을 모두 충족시켜 삶을 완성하는 것이 사람의 인생길이다.

묻고 답해나가는
인생길

사람은 자신의 인생에 대해서 묻고 답해나가는 인생길로 가야 한다. 심리학자인 빅토르 에밀 프랑클이 말하듯이 "인생이란 인생 쪽에서 던져오는 다양한 물음에 대해 하나 하나 답해가는 것"이다. 다시 말해 인간의 궁극적인 물음은 바로 '인생에 어떤 의미가 있는가'라는 물음이며, '인간은 왜 태어났고, 무엇을 위해 살고 있으며, 어디에 어떤 의미가 있는가'를 묻고 답해나가는 것이 인생이라는 것이다.

아무리 답하기 어려운 물음이라 하더라도 답을 해나가지 않으면 인생을 인생답게 살아갈 수가 없다. 인생의 의미가 무엇인지 답하지 않고 어떻게 인생을 의미 있게 살아갈 수가 있겠는가?

인간은 지구상에서 유일하게 '왜'라는 질문을 할 수 있는 존재라는 말이 있다. 그렇다면 이렇게 질문을 해볼 수 있다. 왜 인간은 유일하게 왜라는 질문을 할 수 있는 것일까?

질문에는 답이 존재하는 질문이 있고, 답이 존재하지 않는 무의미한 질문이 있다고 한다. 그렇다면 '왜'를 묻고, '인생의 의미'를 묻는 질문이 과연 답이 존재하는 질문인가, 답이 존재하지 않는 무의미한 질문인가?

인간은 유일하게 '왜'라는 질문을 할 수 있는 능력이 있는데, 만약 '왜'라는 질문에 답이 존재하지 않는다면 인간이 유일하게 가진 '왜'라는 질문의 능력은 무의미한 능력이 되고 만다. 어떤 능력이든 할 수 있는 능력이 주어진 이유는 그 능력을 발휘해야 할 필요가 있기 때문이다. 그러니까 왜라는 질문을 할 수 있는 능력이 인간에게 주어진 이유는 왜라는 질문을 해야 할 필요가 있기 때문인 것이다. 그냥 필요도 없는 능력이 주어졌다면 쓸데없는 낭비를 하도록 만들어졌다는 말이 된다.

'왜'는 이유나 목적을 묻는 질문이다. 애초에 어떤 이유나 목적이 없다면 왜라는 질문도 있을 이유가 없다. 한편, 어떤 이유나 목적이 있어도 이유나 목적을 물을 필요가 없다면 왜라는 질문을 할 수 있는 능력도 필요가 없다. 사람에게 왜라는 질문을 할 수 있는 능력이 있다면 사람은 이유나 목적을 질문할 필요가 있기 때문이고, 동식물에게 왜라는 질문을 할 수 있는 능력이 없다면 동식물은 이유나 목적을 질문할 필요가 없기 때문이다.

이 세상에 이유나 목적 없이 그냥 생겨나고 사라지는 것은 없다. 다만 사람은 이유나 목적을 물어야 할 필요가 있어서 왜라는 질문을 할 수 있는 능력이 있고, 동식물은 이유나 목적을 물어야 할 필요가 없어서 왜라는 질문을 할 수 있는 능력이 없을 뿐이다.

보통 사람들은 인생을 사는 이유나 목적을 물으면 "그냥 사는 거지, 무슨 이유나 목적이 있냐"고 답하는 경우가 많다. 어떤 이들은 "사는 날까지 사는 게 전부이고, 삶의 목적은 애당초에 없다'는 식으로 말하기도 한다.

프랑스 후기인상파 화가인 폴 고갱Paul Gauguin 은 그의 작품 〈우리는 어디서 왔는가, 우리는 무엇인가, 우리는 어디로 가는가〉를 통해 인간 존재에 대한 근원적인 물음을 던지고 있다. 그는 스스로 이 작품을 자신이 그린 모든 작품을 능가하는 역작이라고 말했다.

사람들이 흔히 하는 말처럼 사는 날까지 그냥 살아도 되는 것이라면 폴 고갱이 인간 존재에 대한 근원적인 물음을 던지는 그런 작품을 그리지 않았을 것이다.

인생길 새롭게 열다

사람이 궁극적으로 인생의 의미를 왜 묻는 것인가 하면 사람은 인생의 의미를 묻고 답해야 할 필요가 있기 때문이다. 사람의 인생에는 의미가 있고 의미 있게 인생을 살아야 할 필요가 있기 때문이다.

사람이 '왜 태어나는가', '왜 사는가'를 묻는 것은 사람이 태어나는 이유나 목적, 사는 이유나 목적이 있기 때문이고, 그 이유나 목적을 알아야 하고 이유나 목적에 따라 살아야 할 필요가 있기 때문이다.

인생을 제대로 의미 있게 살아가려면 사람이 태어나고 살아가는 이유나 목적을 묻고 답을 해야 한다. 물음에 답을 제대로 하려면 답을 정확하게 풀어줄 원리가 있어야 한다. 세상 모든 지혜의 핵심 원리인 맞물림의 원리만 알고 있으면 모든 물음에 답을 해나갈 수 있고, 누구나 태어나고 살아가는 이유나 목적에 따라 제대로 살아갈 수 있다.

일이관지의 맞물림 원리는 우주 자연의 근본 원리이고 법칙이다. "자연의 법칙은 인간 문명의 모든 가치의 궁극적인 기준이 된다."는 어느 철학자의 말에 따른다면, 일이관지의 맞물림 원리는 모든 가치의 기준이다. 따라서 세상과 인생 쪽에서 던져오는 어떠한 물음도 모든 가치의 기준이 되는 맞물림의 원리로 풀면 답이 나온다.

지금까지 아주 오랜 동안 어둠 속에 가려져 있다가 이제서야 빛을 발하며 드러난 맞물림의 원리가 세상과 인생길을 환하게 밝혀줄 것이다.

인생길 새롭게 열다

생각하는
방식부터 새롭게

요즘 사람들은 우리 삶과 사회 곳곳이 지뢰밭과 같다고 말한다. 세상 곳곳에 심각한 문제들이 깔려 있어 언제 어디서 위기가 터질지 모르는 불안감을 안고 살아갈 수밖에 없다는 것이다. 지구의 심각한 환경 파괴, 위험한 핵의 공포, 위태로운 경제적 위기와 사회적 종교적 갈등 등등, 지금 인류는 풀기 어려운 난제들 앞에서 휘청거리고 있다.

과연 우리는 언제 어디서 위기가 닥칠지 모르는 불안한 세상과 삶을 그대로 살아갈 수밖에 없는 것인가? 풀기 힘든 난제들 앞에서 휘청거리며 무너져 내릴지도 모르는 불안한 삶을 지금처럼 사는 길밖에 없는 것일까? 인생을 산다는 게 무엇이길래 불안한 세상에서 불안한 인생길을 계속 가야 하는 것인가?

세상과 삶의 문제는 무엇이든 삶의 방식이 낳은 결과이다. 삶의 방식은 곧 사고 방식과 행동 방식이므로, 세상과 삶의 문제는 생각하고 행동하는 방식에서 나온 결과이다. 더 따져보면 생각과 행동 방식 중에서 생각하는 방식이 삶의 방식을 결정하는 핵심이므로, 모든 문제의 출발점은 생각하는 방식인 셈이다.

어떤 방식으로 생각하느냐에 따라 결과가 달라진다. 방식이 결과를 낳는 것이므로 지금의 결과가 아닌 다른 결과가 얻어지기를 바란다면 방식이 달라져야 한다. 지금 닥친 문제의 결과가 계속 되기를 바라지 않는다면 문제의 결과를 낳은 방식을 바꾸어야 한다. 다시 말해 세상과 삶의 모든 문제가 계속 되기를 바라지 않는다면 세상과 삶의 모든 문제를 낳은 삶의 방식, 그 핵심이 되는 생각하는 방식을 바꾸어야 한다.

지금 우리 삶과 사회의 모든 문제는 그 동안 서구 문명을 발전시켜온 이분법적 사고 방식이 낳은 결과이다. 이분법적 사고 방식은 마치 동전 던지기로 동전 앞면과 뒷면에 따라 이것이냐 저것이냐 중 하나를 선택하는 양자택일의 사고 방식이다. 둘 중 하나를 선택하는 양자택일의 사고 방식은 하나를 선택하고 다른 하나는 버리거나 없애버리기 때문에 문제가 생겨난다.

이분법적 사고 방식으로 세상을 양극으로 이분하고 대립되는 두 요소 중 한쪽만 선택하고 반대쪽을 없애버리면 세상은 반쪽만 남게 되고 세상은 한쪽으로 치우치게 된다. 세상은 양극이 서로 맞물려 균형을 이루어야 살아 움직이고 한쪽으로 치우치면 무너지게 되어 있다.

항상 문제는 한쪽 극으로 치우쳐서 일어난다. 중국 전국 시대의 사상가 순자荀子는 "모든 인간의 재앙은 결국 한편으로 치우쳐서 그 전체를 해치기 때문凡人之患, 偏傷之也."이라면서 다음과 같이 말했다.

"욕심날 만한 것을 바라보게 되면 한편으로만 치우쳐 그것이 싫게 될 것이라는 것은 전혀 생각지 못하고, 이로운 것을 바라보게 되면 한편으로만 치우쳐 그것이 나에게 해를 가져다 주리라는 것은 전혀 돌아보지 못한다. 그러기 때문에 그런 사람은 움직이기만 하면 함정에 빠지기 마련이요, 하기만 하면 오욕을 뒤집어 쓰게 되어 있다. 이것이야말로 한편에 치우쳐 전체를 망치고 마는 재앙이라고 할 것이다."

見其可欲也, 則不慮其可惡也者; 見其可利也, 則不顧其可害也者. 是以動則必陷, 爲則必辱, 是偏傷之患也.

순자 〈불구〉편, 김용옥 지음 〈중용 인간의 맛〉

이와 같이 욕심날 만한 것만 바라보거나 이로운 것만 바라보면서 한쪽으로 치우치면 함정에 빠지고 오욕을 뒤집어 쓰게 되는 문제가 생긴다. 무엇이든 양극의 둘 중에서 원하는 한쪽만 바라보며 치우치면 균형력이 작용해 원하지 않는 반대쪽으로 움직여 문제가 일어나거나 또는 한쪽으로 지나치게 치우쳐 균형력을 잃게 되면 무너지고 마는 문제가 일어날 수밖에 없다. 그래서 욕심나고 이로운 것만 원하며 치우치면 반대로 원하지 않는 함정에 빠지거나 오욕을 뒤집어 쓰게 되고, 지나치면 전체를 망치고 마는 재앙이 된다.

이렇게 이로움만 바라보고 해로움은 전혀 돌아보지 못하는 사고 방식이 바로 이분법 배제적 사고 방식이다. 이로움만 선택하고 해로움은 배제하기 때문에 한쪽만 계산하고 반대쪽은 계산하지 못하는 반쪽 짜리 계산법이다. 이분법 배제적 사고 방식으로 반쪽만 계산하면 다른 반쪽을 계산하지 못한 함정에 빠지게 되고 지나치면 재앙이 닥치게 된다.

사람들은 반쪽만 계산하는 배제적 사고 방식에 너무나 익숙하다. 예를 들어 행복과 불행, 성공과 실패를 생각할 때 불행은 없이 행복만 있고 실패는 없이 성공만 있어야 한다고 여긴다. 행복과 성공 반쪽만 계산하고 불행과 실패는 배제한다. 행복만 계산하면 계산하지 못한 불행의 함정에 빠지게 되고, 성공만 계산하면 계산하지 못한 실패의 오욕을 뒤집어 쓰게 된다.

그러므로 반쪽만 계산하는 배제적 사고 방식에서 벗어나 반

인생길 새롭게 열다

쪽과 다른 반쪽을 함께 계산하는 포함적 사고 방식으로 가야한다. 불행과 실패를 배제하고 행복과 성공만 계산하면 계산하지 못한 계산서가 날아오고, 행복과 불행, 성공과 실패를 함께 포함해서 계산하면 온전하게 행복해지고 성공하는 길이 열리게 된다.

사람들은 세상이 맞물려 돌아간다는 사실을 잘 알고 있다. 지금이 낮이면 나중에 밤이 되고, 지금이 밤이면 나중에 낮이 되는 방식으로 낮과 밤이 순차적으로 맞물린다는 사실을 잘 알고 있다. 그리고 지금 여기가 낮이면 지구 반대편은 밤이고, 지금 여기가 밤이면 지구 반대편은 낮이 되는 방식으로 낮과 밤이 동시적으로 맞물려 있다는 사실을 잘 알고 있다.

이렇게 세상이 낮과 밤처럼 양극이 순차적으로 또한 동시적으로 맞물려 돌아간다는 사실을 안다면 생각하는 방식도 사실 그대로 해야 한다. 즉, 양극의 두 요소를 함께 포함해서 생각하는 포함적 사고 방식으로 가야 한다.

예컨대, 행복과 불행은 순차적으로 맞물리게 되어 지금 행복하면 나중에 불행이 오고, 지금 불행하면 나중에 행복이 온다는 사실, 그리고 사랑과 미움은 동시적으로 맞물리게 되어 사랑하는 만큼 반대편에 미워하는 마음이 있고, 미워하는 만큼 반대편에 사랑하는 마음이 있다는 사실을 사실 그대로 계산해야 한다. 양극의 반쪽과 다른 반쪽을 함께 포함해서 계산하는 포함적 사고 방식으로 삶을 살아야 한쪽으로 치우쳐 함정에 빠지거나 오욕을 뒤집어 쓰지 않으면서 온전하게 인생길을 갈 수 있다.

인생이
시작되는 까닭

　누구나 인생길을 제대로 가려면 가정 먼저 답해야 할 물음이 바로 '인생이 시작되는 까닭이 무엇인가'이다. 인생이란 것이 태어나면서부터 시작되는데 사람이 태어나서 인생이 시작되는 까닭이 무엇인지도 모르면서 가는 인생길이 제대로 가게 될 리가 없다.

　그런데 사람들은 거의 대부분 인생이 시작되는 까닭을 묻고 답하지 않고 그냥 지나치고 만다. 아예 어려서부터 묻고 답할 기회가 주어지지 않거나 기회가 주어져 물어도 답이 없는 무의미한 질문이 되고 만다.

　누구나 태어나고 싶어 태어나지 않는다. 어떤 누구도 태어나고 싶어서 태어나는 사람은 없다. 사람이 태어나고 싶어서 태어난 게 아니라면 인생도 시작하고 싶어서 시작하는 게 아니다. 그렇게 태어나고 싶지도 시작하고 싶지도 않았다면 도대체 무슨 까닭으로 사람이 태어나고 인생이 시작되는 것일까?

사람이 태어나고 싶어서 태어난 게 아니라면 태어나야 하니까 태어난 것일 수밖에 없고, 시작하고 싶어서 시작한 게 아니라면 시작해야 하니까 시작한 것일 수밖에 없다. 이 세상은 하고 싶은 것과 해야 하는 것이 맞물려 있기 때문에 '하고 싶어서'가 아니라면 '해야 하니까'일 수밖에 없다. 하고 싶은 것이 자유이고 권리라면 해야 하는 것은 구속이고 의무이다. 세상은 자유와 구속, 권리와 의무가 맞물려 있다.

우리는 태어나고 싶은 자유와 권리가 아니라 태어나야 하는 의무와 구속 때문에 세상에 나왔고 인생을 시작하게 되었다. 우리 인생은 시작부터 의무가 우선이다. 해야 하는 의무와 구속을 바탕으로 그 위에 하고 싶은 자유와 권리가 자리하게 된다.

다시 말해 해야 하는 것이 우선이므로 해야 하는 것이 먼저 있어야 맞물려서 하고 싶은 것도 성립된다는 것이다. 해야 하는 것 없이는 하고 싶은 것도 성립되지 않는다는 말이다.

그러면 과연 우리는 어떤 의무 때문에 태어나야 하고 인생을 시작해야 하는 것인가? 바로 사람을 포함해 모든 생명체에

인생길 새롭게 열다

게 주어진 의무, 즉 생명을 유지해야 하는 의무 때문에 우리는 태어나고 인생을 시작하게 된다. 생명체 모두에게 생명 유지는 권리가 아니라 의무이고, 자유가 아니라 구속이다. 생명체가 생명을 유지하려는 생존 본능은 의무를 다하기 위해 작용한다.

사람의 인생 전체도 생명을 유지해야 하는 의무가 근본을 이루고 있다. 사람은 각자 자신의 생명을 유지하기 위해 노력하며 또한 다른 모든 생명체와 다름없이 번식을 통해 생명을 이어가는 의무를 다하고 있다.

사람은 생명을 유지하기 위해 노력하며 살아야 하니까 사는 것이다. 살고 싶어서가 아니라 살아야 하니까 사는 것이고, 결국 살고 싶다는 것도 생명을 유지해야 하는 의무감에서 비롯된다.

사람의 삶과 죽음 모두가 의무이다. 인생은 해야 하는 의무가 우선이고 근본이다. 우리는 태어나고 싶어서가 아니라 태어나야 하니까 태어나고, 살고 싶어서가 아니라 살아야 하니까 살고, 죽고 싶어서가 아니라 죽어야 하니까 죽는 것이다.

정신분석의 창시자인 프로이트가 "인간의 본능을 크게 생의 본능과 죽음의 본능"으로 나누어 설명한다. 그가 말하는 '생의 본능'도 '죽음의 본능'도 생명체로서 당연히 해야 하는 의무에서 비롯된다. 본능은 의무를 다하기 위해 갖추어진 자동 장치이기 때문에 가르쳐주지 않아도 저절로 반드시 하게 되어 있다. 갓 태어난 아기가 가르쳐주지 않아도 어머니의 젖을 빨고, 병아리가 가르쳐주지 않아도 달걀 껍질을 깨고 나오는 것처럼 말이다.

　우리의 인생은 생명체로서 해야 하는 의무를 제대로 다하게 될 때 우리가 하고 싶은 자유와 권리도 누릴 수 있게 된다. 의무와 권리는 맞물려 있기 때문에 의무를 다하지 않으면 권리도 없게 된다. 인생에서 하고 싶은 자유를 누리려면 먼저 해야 하는 의무를 다해야 한다.

　우리의 인생은 의무 때문에 시작되는 것이지 우리의 자유로 인생을 시작하는 게 아니다. 생명체는 기본적으로 생명체로서 의무를 다 해야 하니까 태어나고 살다가 죽는 것이다.

생명을 유지하는
두 가지 길

　우리는 생명체이고, 모든 생명체의 기본 의무는 생명 유지이며, 생명을 유지하는 길은 저절로 되는 숨쉬기를 **빼면** 두 가지이다. 하나는 음식이고 다른 하나는 번식이다. 즉, 먹고 마시는 음식으로 자신의 생명을 유지하는 하나의 길이 있고, 자손 번식으로 새생명을 낳아 생명을 유지하는 다른 하나의 길이 있다.

　생명을 유지하는 두 가지 길 모두 다른 생명을 통해 이루어진다. 먹고 마시는 음식도 다른 생명이고, 자손 번식으로 낳은 새생명도 다른 생명이다. 음식은 다른 생명의 죽음을 통해서 생명을 유지하는 것이고, 번식은 다른 생명의 탄생을 통해서 생명을 유지하는 것이다.

이와 같이 모든 생명체의 생명 유지는 다른 생명의 죽음과 탄생을 통해서 이루어진다. 생명의 죽음과 탄생이 맞물려야 생명 유지가 이루어지는 것이 우주 자연의 법칙이다. 생명의 죽음과 탄생이 맞물리지 않으면 생명체가 생명을 유지할 수 없게 된다.

생명 유지를 다른 말로 하면 '생존生存'이다. 생존을 하기 위해서는 양극의 두 요소가 맞물려야 한다. 바로 '경쟁'과 '협력'이다. 흔히 사람들은 '생존'이라고 말하면 '생존 경쟁'을 떠올린다. 아마도 생물학자인 찰스 다윈이 생물진화론을 펴면서 생존 경쟁을 자연 법칙으로 꼽은 뒤부터 '생존하려면 경쟁에서 이겨야 한다'는 생각이 굳게 자리잡은 것이 아닌가 한다.

찰스 다윈이 '적자適者만이 혹독한 투쟁에서 살아 남고, 그 이외의 것은 사라진다'며 '적자 생존의 법칙'을 내세운 이후로 '생존을 위한 투쟁'이 인간과 모든 생명체의 본성으로 여겨지게 되었다. 그리하여 치열한 생존 경쟁에서 남을 밟고 서야 살아남을 수 있다는 생존 법칙이 자리잡아 세상은 마치 전쟁터와 같이 살아남기 위해 피를 튀기며 싸우는 것을 당연시하기에 이르렀다.

어쨌든 세상은 전쟁만 있는 게 아니라 평화가 맞물려 있듯이 경쟁만이 아니라 협력이 맞물려 있다. 세상에 전쟁만 있거나 경쟁만 있으면 한쪽 극으로 치우치게 되어 세상은 무너지고 만다.

생존은 경쟁만 있는 것이 아니라 협력이 맞물린다. 경쟁과 협력이 맞물리지 않으면 생존이 유지되지 않는다. 하버드대 교수인 마틴 노왁Martin Nowak은 "경쟁이 생물계가 들려주는 이야기의 전부가 아니다"라며 "최후의 승자는 경쟁이 아니라 협력하는 자들"이라고 힘주어 말한다.

노왁 교수는 "복잡하게 얽힌 온갖 피조물은 살기 위해 협력한다"면서 박테리아의 예를 든다. "끈처럼 연결된 박테리아의 어떤 세포는 이웃에게 질소와 영양소를 공급하기 위해 스스로 죽기도 하고, 또 다른 박테리아는 사자의 무리처럼 집단으로 먹이감을 찾아 나선다"는 것이다.

또한 그는 "고등동물의 협력 사례는 훨씬 더 구체적"이라면서 특히 "인간 사회는 그 자체가 협력으로 가득 차 있다"고 말한다. 결론적으로 그는 '생존 투쟁'이 생물계의 음지였다면 '협력'은 양지라는 것이며, '상호 투쟁의 법칙'과 별도로 자연에는 '상호 부조의 법칙'이 있다고 말한다.

결국 자연에는 '경쟁'과 '협력'이 맞물리고, '상호 투쟁의 법칙'과 '상호 부조의 법칙'이 맞물려 있다는 말이다. 경쟁과 협력이 맞물리고, 상호 투쟁으로 싸우고 상호 부조로 도우면서 서로 맞물려야 생명을 유지할 수 있다.

우리는 생명 유지의 의무를 다 하기 위해서 매일 먹고 마신다. 우리는 매일 다른 생명을 먹고 마시지 않고는 생명을 유지할 수가 없다. 우리의 생명은 다른 생명의 희생으로 유지되는 것이므로 우리는 다른 생명의 협력을 받아야 생존할 수 있는 것이다.

한편, 자손 번식으로 새생명을 낳아 생명을 유지하기 위해서도 부모와 자식 뿐만 아니라 사회 전체의 협력이 있어야 한다. 경쟁만 있고 협력이 없다면 새생명은 생명을 유지해 나갈 수가 없다.

경쟁이 있으면 협력도 있고, 경쟁이 없으면 협력도 없는 것이 자연의 맞물림 원리이다. 노왁 교수도 "협력이란 공동의 목적을 위해 함께 일하는 것을 너머 잠재적인 경쟁자들도 서로 돕기로 결정하는 것"이라고 말한다. 생존은 경쟁만이 아니라 협력이 함께 맞물려야 한다는 말이다.

마라톤 경기에서 하나의 예를 볼 수 있다. 다른 선수의 우승을 돕기 위해 경쟁적으로 페이스를 이끌어주는 페이스 메이커는 경쟁을 통해 협력을 하고 있다. 다른 예로 정자와 난자가 수정을 할 때도 마찬가지다. 수많은 정자가 경쟁적으로 움직이면서 마지막에 골인하는 정자를 돕고 있다. 경쟁만 있다면 가장 먼저 난자에 도착하는 정자만 수정에 성공해야 하는데, 두 번째로 도착한 정자가 수정되는 일이 벌어지는 것을 보면 서로

인생길 새롭게 열다

경쟁하는 '상호 투쟁의 법칙'만이 아니라 서로 돕는 '상호 부조의 법칙'이 함께 작용하고 있음을 알 수 있다.

우리는 음식과 번식, 경쟁과 협력을 통해서 생명을 유지한다. 음식을 얻기 위해서 일을 하고 번식을 위해서 결혼을 한다. 경쟁과 협력이 맞물려 균형을 이루면서 일을 하고 결혼을 해야 음식과 번식을 통해 생명을 잘 유지 할 수 있게 된다.

생명을 유지하는 생존은 생명체에게 당연한 의무이다. 우리가 생명을 유지하는 의무를 다 하기 위해서는 다른 생명을 죽여야 하고 다른 생명을 낳아야 한다. 생명의 죽음과 탄생은 생명을 유지하기 위해 당연한 것이지만 그 희생과 고통이 고귀하지 않을 수가 없다. 고맙고 감사한 마음으로 생명을 유지하는 의무를 다하는 것이 사람이 사람다운 인생을 사는 길이다.

부모가
자식을 낳지 않는다

흔히 사람들은 부모가 자식을 낳았다고 생각한다. 먼저 부모가 있고 그 부모가 자식을 낳는다는 말이다. 하지만 사실은 그렇지가 않다.

부모가 자식을 낳는 것이 아니라 부모와 자식은 함께 태어난다. 부모란 자식이 태어나야 비로소 부모가 되는 것이다. 자식이 태어나지 않으면 부모가 되지 못한다. 자식도 태어나면서 자식이 되고 부모도 자식이 태어나면서 부모가 된다.

누구든 결혼을 하여 부부가 되고 남편과 아내가 아이를 낳으면서 그 아이의 부모가 된다. 처음부터 부모인 사람은 없다. 갓난 아이와 함께 부모도 갓난 부모이고, 자식이 크면서 부모도 성장한다. 옛말에 '자식을 키우면서 부모도 어른이 되어간다'

인생길 새롭게 열다

는 말처럼 부모와 자식은 함께 태어나고 함께 어른이 된다. 자식은 풋내기 어른으로 부모는 성숙한 어른으로 말이다.

부모와 자식은 생존을 위해 이루어진 관계이다. 번식으로 새 생명을 낳아 생명을 유지해야 하는 의무 때문에 부모와 자식이 함께 태어나 관계가 이루어진다. 부모도 자식도 생명을 유지해야 하는 의무에 의해 태어나기 때문에, 부모도 마음대로 낳고 싶은 자식을 낳을 수가 없고 자식도 마음대로 부모를 선택할 수가 없다.

생명체로 출발하는 수정의 과정을 보면 어느 누구의 마음대로 되지 않는 것을 알 수 있다. 처음에 약 3억 마리의 정자들이 하나의 난자를 향해 출발하지만 그 1000분의 1인 30만 마리만 자궁에 들어갈 수 있으며, 난관까지 도달하는 것은 200에서 300 마리 정도이고, 마지막으로 난자에 도달해 수정되는 것은 한 마리뿐이다.

마지막에 수정되는 한 마리는 어느 누구의 마음대로 정할 수가 없다. 처음 3억 마리가 함께 경쟁하며 협력하여 30만 마리를 자궁에 들여 보내고, 30만 마리가 함께 경쟁하고 협력하여 200에서 300 마리를 난관에 도달하게 하고, 200에서 300 마리가 함께 경쟁하고 협력하여 마지막 한 마리가 난자에 도달해 수정이 된다. 어디 어느 과정에서도 어느 누구의 마음대로 할 수 있는 여지가 전혀 없다.

부모는 새생명으로 생명을 유지해야 하는 의무에서 몸을 빌려 주었고, 자식 또한 생명 유지의 의무에 의해서 부모의 몸을 빌려 태어났을 뿐이다. 그리고 부모는 자식이 스스로 생명을 유지하는 능력이 생길 때까지 자식의 생존을 도와줘야 하는 의무가 있고, 자식은 스스로 생명 유지를 할 수 있는 능력을 갖추어야 할 의무가 있다.

부모가 자식이 스스로 생존할 수 있을 때까지 도와줘야 하는 의무는 내리 사랑으로 나타난다. 자식에 대한 부모의 내리 사랑은 생명 유지의 의무 때문에 마련된 자연계의 장치이다. 부모의 희생적인 내리 사랑은 고귀하게 여겨지지만, 따지고 보면 내리 사랑은 생존의 의무를 위한 장치이므로 마땅히 해야 하는 당연한 것이다. 부모는 당연히 내리 사랑을 하게 되어 있고, 자식도 생존의 의무를 다 해야 마땅하다.

부모와 자식은 생명 유지의 의무를 위해 함께 태어나고 함께 살아간다. 부모와 자식이 기본이 되어 구성된 가족 관계의 핵심은 '어떻게 하면 생존 유지를 잘 할 수 있는가'에 있다.

가족은 생존의 의무 때문에 맺어진 관계이므로 서로는 생존과 관련된 의무와 권리 이외에 어떤 의무와 권리도 없다. 부모가 자식을 소유할 권리도 없고 자식이 부모의 소유가 되어야할 의무도 없다. 자식이 부모에게 무한 책임을 요구할 권리도 없고, 부모가 자식에게 무한 책임을 져야 할 의무도 없다.

가족은 함께 생명을 잘 유지하기 위해 협력해야 한다. 서로에게 생존을 위한 협력을 요구할 권리가 있을 뿐이다. 가족은 서로 생존을 위한 의무와 협력을 위한 권리가 맞물려 균형을 이룰 때 생명 유지를 잘 할 수 있다.

가장
소중한 것

누구나 자신에게 가장 소중한 것이 있을 것이다. 그리고 모두에게 가장 소중한 것도 있을 것이다. 자신에게 가장 소중한 것은 무엇이고, 모두에게 가장 소중한 것은 무엇일까?

소중하다는 말은 '가치가 중요해서 매우 귀하다'는 뜻이라고 사전에 나와 있다. '가치'는 쓸모가 있다는 말이고, '중요하다'는 크게 요긴하다는 것이며, '귀하다'는 흔하지 않거나 중요도가 높다는 뜻이다. 그러므로 소중하다는 것은 쓸모가 아주 커서 요긴하다는 말이고, 흔하지 않고 중요하다는 말이기도 하다. 결국 '소중하다'는 '쓸모가 커서 없어서는 안 된다'는 말이다.

사람들이 흔히 하는 말 중에 "목숨보다 소중한 것은 없다"는

인생길 새롭게 열다

말이 있다. 대부분 사람들은 하나밖에 없는 목숨이야말로 가장 소중한 것이 아니냐고 말을 한다. 목숨은 하나밖에 없어 흔하지 않으니 소중한 것임에는 분명하다. 목숨이 가장 소중하다는 말은 목숨은 가장 쓸모가 커서 없어서는 안 된다는 뜻이다. 그렇다면 목숨은 어디에 가장 쓸모가 있어 없어서는 안 된다는 것인가?

목숨은 생명이다. 목숨은 숨을 쉬며 살아 있는 생명을 뜻한다. 목숨이라는 말은 숨을 쉴 때 목을 통해 숨이 코와 폐로 이어지는 것을 나타내고 있다. 목으로 숨이 통과하며 이어지지 않고는 생명을 유지할 수가 없다. 사람이나 동물이 생명을 유지하려면 숨을 꼭 쉬어야 하니 숨은 생명 유지에 없어서는 안 되는 소중한 것이다. 그리고 숨이 코와 폐로 이어지기 위해서 목이 없어서는 안 되니 목은 숨쉬기에 소중한 것이다.

그렇게 목숨이 아주 소중한데, 사람들은 "목숨보다 소중한 것은 없다"고 말만 그렇게 하고 실제로는 목숨을 그다지 소중하게 여기지 않고 있다.

사람들이 말만 그렇고 실제로 목숨을 소중하게 여기지 않는 이유는 무엇일까? 첫 째 이유는 사람들이 목숨을 태어나면서 그냥 얻어진 것이라고 여기기 때문이다. 그리고 두 번째 이유는 목숨이 자신에게 어떤 쓸모가 있는지를 잘 헤아리지 못하기 때문이다.

우리는 스스로 태어나고 싶어서 노력하고 공을 들여 태어난 것이 아니기 때문에 목숨과 생명이 거저 얻어진 것처럼 여기지만, 목숨과 생명이 얻어지기까지는 수많은 노력이 필요하다. 기본적으로 어미가 새생명을 잉태하고 출산하기까지 애를 써야 하는 노력이 없이는 목숨과 생명이 얻어지지 않는다. 그리고 다른 생명이 먹이로 희생되면서까지 생명이 유지되어야 하는 만큼 목숨은 소중하다.

한편, 우리의 목숨과 생명은 각자의 인생에서 없어서는 안 되는 것이므로 소중하다. 그리고 우리 개체의 생명은 우주 자연 전체의 생명체계에서 없어서는 안 되는 것이므로 소중하다. 개체는 전체와 맞물려 있다. 그래서 개체가 있어야 전체도 있고 전체가 있어야 개체도 있다. 개체가 없으면 전체도 없고 전체가 없으면 개체도 없는 것이니 개체는 전체에게 그리고 전체는 개체에게 없어서는 안 되는 소중한 것이다.

우리의 목숨이 가장 소중하다고 말하는 까닭은 우리 개체의 목숨과 생명이 있을 때 우리 각자의 인생도 이어지고 우주 자연의 전체 생명체계도 이어지기 때문이다. 그런데도 사람들은 하나밖에 없는 목숨보다 돈이나 명예, 성공과 사랑 등에 더 신경을 쓴다. 목숨을 내놓고서라도 돈이나 명예, 성공과 사랑을 얻으려고 애를 쓰고 있다.

우리의 목숨은 일단 생명을 유지해야 하는 의무 때문에 주어진 것이다. 목숨은 의무이고 돈이나 명예, 성공과 사랑은 자유이다. '해야 하는' 의무를 바탕으로 '하고 싶은' 자유가 맞물려 있기 때문에 먼저 생명을 유지해야 하는 의무를 충실히 할 때 그만큼 하고 싶은 자유를 누릴 수 있다.

이와 같이 생명을 유지해야 하는 의무를 위해서도 그리고 하고 싶은 자유를 위해서도 목숨은 없어서는 안 되는 소중한 것이다. 각자의 인생을 위해서도 그리고 우주 자연의 전체 생명체계를 위해서도 목숨은 없어서는 안 되는 가장 소중한 것이다.

사람으로
산다는 것

인생^{人生}은 사람으로 사는 삶이다. 사람으로 사는 삶은 여타 동식물이 사는 삶과 다르다. 사람으로 사는 삶이 동식물의 삶과 같다면 굳이 인생^{人生}이라고 달리 이름할 필요가 없었을 것이다.

사람으로 사는 삶과 동식물이 사는 삶이 다르다면 과연 무엇이 다른 것일까? 사람과 동식물은 무엇이 어떻게 다르길래 삶이 다르다는 것인가?

사람들에게 사람이 동식물과 다른 점을 꼽으라고 하면 흔히 사람에게는 생각하는 능력인 이성^{理性}이 있다거나 불을 사용할 줄 아는 능력이 있다는 점을 꼽는다. 또는 사람은 동식물과 달리 생존에 직접 필요하지 않은 생각과 행동을 한다는 점을 꼽

인생길 새롭게 열다

기도 한다.

그런데 좀 더 깊게 들여다 보면 사람이 동식물과 확실하게 다른 점은 바로 무한 욕심이다. 사람들이 "사람의 욕심은 끝이 없다"고 하는 말 속에 나타나듯이 사람은 동식물과 다르게 무한한 욕심을 가지고 있다. 사람이 생존에 직접 필요하지 않은 생각과 행동을 하는 것도 무한한 욕심 때문이다.

사람들은 사람이 이성을 가지고 무한한 욕심을 자제할 줄 알때 사람답다고 말한다. 이성으로 자제하는 능력을 사람답다고 말하지만 그보다 먼저 사람이니까 무한한 욕심을 낸다는 사실을 보아야 한다. 사람이니까 무한한 욕심을 내고, 사람이니까 이성으로 자제할 줄 아는 것이다. 사람이 아니면, 즉 동식물은 무한한 욕심을 내지 않고 그래서 이성으로 자제할 필요도 없다.

사람이 무한한 욕심을 이성으로 자제할 줄 모른다면 반은 사람답고 반은 사람답지 못하다고 볼 수 있다. 일단 무한한 욕심을 내면 그 자체가 사람다운 것이고, 이성으로 자제할 줄 모르면 사람답지 못한 것이다. 다시 말해 무한한 욕심을 내면 그 자체가 사람답고 무한한 욕심을 내지 않으면 사람답지 못한 것이고, 이성으로 자제할 줄 알면 사람답고 이성으로 자제할 줄 모르면 사람답지 못한 것이다.

우리는 '사람의 욕심은 끝이 없다'는 사실 때문에 고민을 한다. 사람은 욕심에 끝이 없어 만족을 모를 수밖에 없으니 고민이 아닐 수 없다. 만족을 모를 수밖에 없는 인생이 행복할 리가 없기 때문이다. 그래서 욕심을 부리면 안 된다면서 욕심에 대해 경계를 한다.

사람에게 무한한 욕심이 있다는 것을 나쁘게만 볼 일이 아니다. 좋고 나쁘고를 떠나서 사람에게 무한한 욕심이 일어나는 까닭이 무엇인지를 잘 살펴볼 필요가 있다. 동식물은 욕심을 끝없이 부리지 않는데, 왜 유독 사람에게만 끝없는 욕심이 생겨나는 것일까? 과연 사람의 무한한 욕심은 어디에서 나오는 것인가?

세상의 무엇이든 어떤 근거나 바탕이 없이 일어나고 시작되는 것은 없다. 그러므로 무한한 욕심이 일어난다면 무한한 욕심이 일어나고 시작되는 근거나 바탕이 있을 것이다. 다시 말해 무한한 욕심이 일어난다면 그 근거나 바탕은 당연히 끝없는 무한성을 지니고 있어야 할 것이다.

그렇다면 사람에게 무한한 욕심이 일어난다는 것은 사람에게 무한성을 지닌 바탕이 있다는 말이 된다. 사람에게 무한성의 바탕이 없다면 사람에게 무한한 욕심이 일어날 수가 없게 된다. 사람에게는 무한성의 바탕이 있다. 그 무한성의 바탕이 다른 동식물들과 구분되는 가장 근본적인 차이점이다.

사람에게 일어나는 무한한 욕심을 잘 나타내주는 말이 있다. 바로 '영원히'라는 말이다. 사람들은 자신이 좋아하는 것들이 영원히 없어지고 않고 함께 있기를 간절하게 바란다. 우정이 영원하길 바라고, 사랑이 영원하길 바라고, 행복이 영원하길 바라며 심지어는 죽지 않고 영원히 살기를 바라기도 한다.

인류는 늙지 않고 오래 오래 사는 불로장생不老長生을 기원하고, 종교적으로 영생永生의 길을 찾아 영원히 살기를 염원하기도 한다. 이렇게 오래도록 영원하기를 바라는 마음은 바로 무한한 욕심에서 나오는 소망이고, 그 소망은 무한성의 바탕에서 비롯된 것이다.

무한성은 끝이 없음이고 달리 말해 경계 없음이다. 끝이 없고 경계가 없음은 따로 구분이 없는 것이므로 전체가 하나되어 있음을 뜻한다. 그러므로 사람이 지닌 무한성은 곧 전체성이다. 사람은 개체이면서 동시에 전체성이 맞물려 있다.

사람에게는 전체성의 바탕이 있어 우주 자연 모두와 하나가 되는 능력이 있다. 전체성을 바탕으로 우주 자연 모두와 하나가 되는 능력을 이름하여 '신성神性'이라고 부른다. 사람들은 '신神'을 초인간적이고 초자연적이라고 말한다. 초인간적이라는 말은 사람의 경계를 넘어선다는 뜻이고, 초자연적이라는 말은 자연의 경계를 넘어선다는 뜻이므로 신이란 사람과 자연의 경계를 넘어서 사람과 자연을 품고 있는 전체라는 말과 같다.

사람의 바탕에는 신성이 있다. 그래서 불교에서는 '내가 곧 부처다'라는 말이 있고, 기독교에서는 '내 안에 하나님이 있다'는 말이 있다. '내가 곧 부처'라는 말은 사람마다 부처님을 닮은 성품이 있다는 뜻이고, '내 안에 하나님이 있다'는 말은 사람마다 하나님을 닮은 성품이 있다는 뜻이다. 사람에게 있는 부처님을 닮은 성품, 또는 하나님을 닮은 성품을 곧 '신성'이라고 말하는 것이고, 신성은 곧 전체성, 무한성, 영원성을 말하는 것이다.

바로 사람의 무한한 욕심은 신성, 즉 전체성과 무한성과 영원성을 향한 욕구이다. 그런데 대부분 사람들은 바탕에 있는 신성을 알아차리지 못하기 때문에 전체성과 무한성과 영원성이 아니라 개체의 수준에서 무한한 욕심을 드러내고 있다.

사람은 그 바탕에 신과 같은 신성이 있다. 그러므로 사람이 사람다우려면 바탕에 있는 신성이 드러나야 한다. 다시 말해 사람은 개체 수준에서 무한한 욕심을 드러내는 게 아니라 신성의 전체성과 무한성과 영원성이 발휘되어야 사람다울 수 있는 것이다.

사람이 사람답게 사는 것이 '사람으로 산다는 것'에 대한 해답이다. 즉, 사람으로 산다는 것은 사람의 바탕에 있는 신성이 드러나 전체성, 무한성, 영원성이 발휘됨으로써 사람답게 사는 것을 뜻한다. 사람에게 신성이 발휘되면 모든 것과 경계 구분 없이 전체로 하나가 되어 사람과 자연을 모두 품에 안고 살게 된다.

사람은 유한한 목숨을 가진 개체이지만, 그 바탕은 무한한 신성을 지닌 전체이기도 하다. 사람에게는 유한성과 무한성이 맞물려 있고, 개체성과 전체성이 맞물려 있다. 그러므로 사람은 유한한 개체성과 무한한 전체성이 맞물려 균형을 이룰 때 온전하게 사람다운 사람이 되어 사람답게 살 수 있게 된다.

왜 사느냐고
물으면

　누구나 언젠가 한 번쯤은 '왜 사는가'라는 질문을 마주하게
된다. 누가 묻지 않아도 한 번쯤은 저절로 속에서 올라오는 물
음이기 때문이다. 그런데 사람들은 질문에 답을 하지 않고 넘
어가는 경우가 많다. 어느 시인처럼 "왜 사냐건 웃지요"라며
담담한 냥 넘어가거나, "뭐 하러 골치 아프게 따지느냐", 또는
"태어나면서 그냥 삶을 얻었으니 그냥 사는 것이 전부"라며 넘
어가기도 한다.

　우리가 정말 삶을 담담하게 웃으며 살 수 있으려면 그럴만한
경지에 올라서야 하는데, 그런 경지에 오르는 일이 결코 쉽지
않다. 그리고 따지는 게 골치 아플 정도라면 따질만한 능력이
모자란다는 말이다. 한편, 우리가 태어나면서 그냥 삶을 얻었

다고 말한다면 우리는 이유 없이 그냥 태어나고, 이유 없이 그냥 삶을 얻고, 이유 없이 그냥 사는 것이 전부라는 말이 된다.

분명 우리는 태어나고 싶어서 태어난 게 아니다. 그렇게 스스로의 의지나 노력 없이 태어났다고 해서 그냥 태어났다고 말할 수는 없다. 우리가 태어나 삶을 얻기까지의 과정이 결코 그냥일 수가 없기 때문이다. 태어나기 이전에 뱃속에서 잉태되어 자라고 출산하는 과정까지 들인 노력만 보더라도 그냥 태어나고 그냥 삶을 얻었다고 할 수가 없다.

즉문즉설로 유명한 법륜 스님은 그의 책 〈인생수업〉에서 "왜 사는가라는 질문에는 답이 나올 수가 없다"고 말한다. 왜냐하면 "삶이 왜라는 생각보다 먼저이기 때문"이라면서 "존재가 사유보다 먼저 있었고, 살고 있으니 생각도 하는 건데, 왜 사는지를 자꾸 물으니 답이 나올 수가 없다"는 것이다.

그는 이어서 "풀도 그냥 살고, 토끼도 그냥 살고, 사람도 그냥 사는 것"이니까 답이 나올 수가 없는 질문으로 "삶에 시비를 거는 대신, 어떻게 하면 오늘도 행복하게 살까를 생각하는 것이 삶의 에너지를 발전적으로 쓰는 길"이라고 충고를 덧붙인다.

과연 그의 말대로 삶이 왜라는 생각보다 먼저이기 때문에 왜 사는지에 대한 답이 나올 수가 없는 것인가? 만약 삶보다 먼저 왜라는 생각이 있었다면 답이 나올 수 있다는 말인가? 어차피 삶이 먼저이든 왜라는 생각이 먼저이든 삶과 생각이 함께 있으면 왜 사는가라는 질문과 답이 나올 수밖에 없지 않은가?

무엇이든 이유나 목적 없이 생겨나고 일어나는 것은 없다. 절대 세계에는 이유나 목적이 없을 수 있어도, 상대 세계에선 이유나 목적이 없을 수 없다. 상대 세계는 원인과 결과처럼 양극의 두 요소가 맞물려 함께 생겨나고 함께 없어지기 때문에 이유나 목적이 없으면 모두 없어지게 된다.

그래서 상대 세계에서는 이유나 목적을 묻는 왜라는 질문이나 답이 나올 수밖에 없다. 상대 세계에 사는 한 풀도 토끼도 사람도 이유나 목적 없이 그냥 살 수가 없다. 실제로 삶은 그냥 살고 싶어도 그냥 살아지지 않는다. 사람이 그냥 살고 싶은 생각으로 보면 풀도 토끼도 그냥 사는 것처럼 보이지만 결코 풀도 토끼도 그냥 살아지지 않는다.

만약 그냥 살 수 있다면 굳이 "어떻게 하면 오늘도 행복하게 살까를 생각하는 것"도 필요가 없을 것이다. 그냥 살면 되는데 왜 어떻게 하면 행복하게 살까를 생각하며 삶의 에너지를 써야 하는가? 오늘도 행복하게 살기를 원한다면 그것이 오늘을 왜 사는가에 대한 답이 아니고 무엇인가? 다시 말해 그것이 오늘을 사는 이유나 목적이 아니고 무엇인가?

우리가 사는 이유는 생명을 유지해야 하는 의무 때문이다.

인생길 새롭게 열다

즉, 우리가 왜 사는 것이냐 하면 태어나야 하는 의무와 살아야 하는 의무와 죽어야 하는 의무 때문에 사는 것이다. 그리고 우리가 사는 목적은 생명을 유지해야 하는 의무와 맞물려 있는 자유를 위해서이다. 즉, 우리가 왜 사는 것이냐 하면 살아 있음으로 생존해야 하는 의무와 맞물려 있는 늘 있음으로 존재하고 싶은 자유를 위해서 사는 것이다.

살아 생존해야 하는 의무는 유한하고 구속이 되며, 늘 존재하고 싶은 자유는 무한하고 권리가 된다. 그러니까 사람은 무한하게 늘 존재할 수 있는 자유와 권리를 가진 셈이다.

그러므로 사람은 왜 사느냐고 스스로 물으면서 삶의 의무와 권리, 구속과 자유를 잘 살피고 삶의 자세를 잘 다듬으며 살아야 삶을 온전하게 완성할 수 있다. 살아 생존해야 하는 의무를 다하면서 늘 존재할 수 있는 자유와 권리를 누릴 때 삶은 온전하게 완성될 수 있고 그리해야 온전하게 행복할 수 있다.

목적이 없으면
의미도 없다

지금도 인류는 삶이 진정으로 무엇인가를 묻고 있다. 아주 오래 된 옛날에 서양의 고전 윤리학이 "인생의 궁극적인 목적이 무엇이냐?"는 질문을 내걸면서부터 지금까지 삶에 대한 목적과 의미를 묻는 질문이 이어지고 있다. 이렇게 질문이 이어지고 있다는 것은 아직도 누구나 인정하는 해답이 찾아지지 않았다는 말이 된다. 동양과 서양의 수많은 사상가와 철학자들이 있었건만 그 누구도 해답을 내놓지 못했다는 이야기다. 아니면 누군가가 해답을 내놓았지만 사람들이 이해하거나 알아차리지 못하고 있는 것일 수도 있다.

목적이란 얻고자 함이다. 그리고 의미란 가치가 있다고 여겨

인생길 새롭게 열다

지는 것을 말한다. 그러니까 삶의 목적을 묻는 것은 삶이 얻고자 함이 무엇인지를 묻는 것이고, 삶의 의미를 묻는 것은 삶이 어떤 가치가 있다고 여겨지는가를 묻는 것이다.

과연 우리의 삶이 얻고자 함이 무엇이라고 생각하는가? 우리의 삶이 어떤 가치가 있다고 여겨지는가? 어떤 사람들은 "삶에는 목적이 없다"고 말하고, 어떤 사람들은 "삶 그 자체가 삶의 목적"이라고 말하기도 한다.

목적은 미래이고 앞으로 얻고자 함이다. 만약 삶에는 목적이 없다면 삶에는 미래가 없다는 것이고 앞으로 얻고자 함이 없다는 말이 된다. 미래가 없고 앞으로 얻고자 함이 없는 삶이라면 삶에 활력이 생길 수가 없다.

한편, 미래는 과거와 맞물려 있고, 미래와 과거는 현재와 맞물려 있다. 따라서 미래가 없으면 과거도 없고 또한 현재도 없게 된다. 삶의 현재가 있으려면 삶의 미래와 과거가 맞물려야 하고, 현재의 삶이 있으려면 미래와 과거의 삶이 맞물려야 한다. 미래의 목적이 없으면 현재도 없는 삶이 되고 만다.

그리고 삶 그 자체가 삶의 목적이라면 삶이 얻고자 하는 것이 삶 그 자체라는 말이 된다. 삶이 삶 그 자체를 얻고자 하는 것이라면 삶이 수단이면서 목적이라는 말이다. 수단은 목적을 위해 필요하고, 목적은 수단을 통해 이루어지는 것이다. 그렇다면 삶이라는 수단이 삶이라는 목적을 위해 필요하고, 삶이라는 목적이 삶이라는 수단을 통해 이루어진다는 말이 안 되는 말이 되고 만다.

　사람들이 "사는 거 뭐 있어?" 하면서 "대충 사는 거지", 또는 "그 때 그 때 즐기면서 사는 거야"라고 말하는 것은 삶에 목적, 삶에 미래가 없다고 여기기 때문이다. 그렇게 삶에 목적이 없다면 삶에 의미도 없어진다. 무엇이든 목적이 있어야 의미가 생겨난다. 즉, 목적을 위해 쓸모가 있느냐 없느냐에 따라 의미가 있고 없고가 결정된다. 삶에 목적이 있고 삶의 목적을 위해 삶이 쓸모가 있을 때 삶에 의미가 생겨난다.

　예컨대 우리가 물을 마시기 위해 쓰는 컵은 물을 마시기 위한 목적이 있어 만들어졌다. 그러므로 물을 마시기 위한 목적에 쓸모가 있을 때 컵이 의미가 있어진다. 컵이 물을 마시기 위한 목적에 쓸모가 없다면 컵은 의미가 없어진다. 이렇게 무엇이든 얻고자 하는 목적을 위해 쓸모가 있을 때 가치와 의미가 생겨난다. 따라서 삶의 목적이 무엇인지 찾아야 한다. 그래야 삶의 의미도 찾을 수 있다.

　삶의 목적이란 삶으로 얻고자 하는 것이다. 컵의 목적이 컵으로 얻고자 하는 것이듯이. 다시 말해 컵을 수단으로 하여 얻고자 하는 것이 컵의 목적이듯이 삶을 수단으로 하여 얻고자 하는 것이 삶의 목적이다. 삶의 목적을 말할 때 삶은 수단이다. 그러므로 삶이라는 수단은 삶의 목적을 위해 필요하고, 삶의 목적은 삶이라는 수단을 통해 이루어지는 것이다.

그리고 삶이란 태어나서 죽을 때까지, 즉 시작부터 끝까지를 합친 전체를 말한다. 그러므로 삶의 목적을 말할 때는 삶 전체의 목적을 가리키는 것이다. 흔히 사람들이 삶의 부분 부분에서 얻고자 하는 것을 삶의 목적이라고 혼동하고 있다. 예컨대 컵의 목적은 컵 전체로 얻고자 하는 것이지, 컵의 부분인 손잡이로 얻고자 하는 것을 컵의 목적이라고 할 수 없다. 그렇듯이 삶 전체를 수단으로 하여 얻고자 하는 것이 삶의 목적이지 삶의 부분 부분에서 얻고자 하는 것을 삶의 목적이라고 할 수 없다.

어쨌든 사람들은 삶의 부분 부분에서 얻고자 하는 것에만 신경을 쓰고, 삶 전체를 통해 얻고자 하는 것에는 거의 무신경 하다시피 한다. 삶 전체를 통해 얻고자 하는 것은 삶의 미래이다. 즉, 삶이 끝난 뒤에 얻고자 하는 것이 삶 전체의 목적이다.

삶은 태어나서 죽을 때까지를 말하는 것이므로 삶의 과거는 태어나기 이전이고, 삶의 미래는 죽음 이후이다. 어느 누구도 태어나기 이전의 과거 없이 마술에서 처럼 없다가 갑자기 나올 수 없고, 죽음 이후의 미래 없이 갑자기 사라질 수 없다. 우리의 삶은 태어나기 이전의 과거로부터 죽음 이후의 미래까지 이어지는 흐름 속에 있다.

우리가 태어난다는 것은 일단 어머니로부터 분리되는 것에서 볼 수 있듯이 하나의 개체로 분리되는 일이다. 분리는 통합과 맞물려 있고 개체는 전체와 맞물려 있다. 그러므로 태어나면서 하나의 개체로 분리되기 이전에는 전체의 통합이 맞물려 있고, 하나의 개체로 분리되어 살다가 죽은 이후에는 전체의 통합이 맞물리게 되어 있다.

다시 말해 우리의 삶은 전체의 통합 차원에서 개체의 분리 차원으로 나왔다가 다시 전체의 통합 차원으로 돌아가는 흐름 속에 있다. 바로 이것이 사람들이 인생을 노래하면서 "어디서 왔다가 어디로 가는가?"라고 묻는 물음에 대한 답이다. 그렇게 인생은 전체의 통합 차원에서 왔다가 다시 전체의 통합 차원으로 가는 길이다.

이와 같이 삶의 과거는 전체의 통합 차원이고, 삶의 현재는 개체의 분리 차원이고, 삶의 미래는 전체의 통합 차원이다. 그러므로 전체의 통합 차원이 삶의 미래이고 삶의 목적이다. 바로 삶 전체를 통해서 얻고자 하는 것이 전체의 통합 차원인 것이다.

우리의 삶은 전체의 통합 차원에 이르기 위해 쓸모가 있을 때 의미가 있다. 삶 전체가 삶의 목적에 쓸모가 있도록 살아

　　　　　　　　　　　인생길 새롭게 열다

야 의미 있는 삶이 된다. 삶의 부분 부분에서 얻고자 하는 성공, 기쁨, 행복 등도 전체의 통합 차원에 이르는 데 쓸모가 있어야 의미가 있는 것이다.

결국 우리가 삶 속에서 얻기를 원하는 모든 것들은 삶의 목적인 전체의 통합 차원에 이르기 위한 수단이 되지 않으면 의미가 없는 것이고, 그렇게 때문에 사람들이 "삶이란 고생하거나 허전하거나 둘 중 하나이다"라고 말하는 것이다. 삶 전체를 다하여 삶의 목적인 전체의 통합 차원에 이를 때 고생하거나 허전함으로 끝나지 않고 삶이 완성될 수 있다.

모든 답은
몸 마음 정신에 있다

인생의 모든 문제는 사람의 욕구에서 비롯된다. 사람의 두 갈래 욕구인 생존 욕구와 존재 욕구는 사람의 몸 마음 정신에서 나오고, 욕구 충족도 몸 마음 정신에서 이루어지게 되어 있다. 그러므로 인생의 모든 문제는 몸 마음 정신에서 비롯되는 것이고, 결국 모든 문제의 답도 몸 마음 정신에 있는 셈이다.

사람들은 어렵고 힘든 인생의 문제에 부딪쳐가면서 인생을 어떻게 살아야 할지를 고민한다. 인생을 어떻게 살아야 하는지를 안다면 어렵고 힘든 인생의 문제들로부터 자유로워지게 될 것이다. 인생을 어떻게 살아야 하느냐의 문제는 어떤 기준을 가지고 살아야 하느냐의 문제이다. 그러니 어떤 기준으로

인생길 새롭게 열다

살면 되는지를 안다면 인생의 문제들과 힘들게 씨름하지 않아도 된다.

인생의 어떤 문제이든 어떤 기준으로 살면 되는지가 분명하면 그 기준으로부터 답이 나올 수 있다. 어떤 기준이어야 하는지를 모르기 때문에 인생을 어떻게 살아야 하는지를 고민하지 않을 수가 없는 것이다.

하버드대학교에서 행복학을 강의하는 탈 벤 샤하르 교수는 "행복이 인생의 유일한 기준이자 모든 목표의 최종 목표"라고 말한다. 행복이 유일한 기준이라고 한다면 행복을 기준으로 살면 된다는 말이고, 행복이 모든 목표의 최종 목표라고 한다면 인생의 궁극적인 목적이 행복이라는 말이다. 요컨대 행복이라는 궁극적인 목적을 기준으로 인생을 살면 된다는 말이 된다. 한 마디로 행복하기 위해서 살면 된다는 것이다.

'행복하기 위해서'를 궁극적인 목적으로 인생을 살면 되고, '행복하기 위해서'를 기준으로 인생을 살면 되는 것이라면 먼저 진정한 행복이 무엇인지부터 분명해져야 한다. 기준은 어떤 결정을 할 때의 원칙이므로 "행복하기 위해서"를 인생에서 어떤 결정을 할 때의 원칙으로 삼으려면 '행복이 무엇인지', 또한 '행복이 어디에 있는지'를 분명하게 알아야 한다.

많은 사람들이 "행복은 언제나 우리 곁에 있다"고 말한다. 조금만 시선을 바꾸거나 조금만 생각을 바꾸면 행복을 어렵지 않게 발견할 수 있다는 것이다. 욕심을 줄이고 현재에 만족하며 긍정하는 마음으로 느리고 여유롭게 살 때 행복은 우리에게 참 모습을 드러낸다고 말하기도 한다.

이렇게 사람들은 행복을 마치 사물과 같은 대상으로 여긴다. 행복은 우리에게 대상이 되는 사물이 아니고 '행복하다'는 느낌이며 '행복한' 상태이다. 행복은 '우리 곁'에서 발견되거나 '우리에게 참 모습'을 드러내는 게 아니라 느낌과 상태로 나타난다.

행복이 무엇인가? 바로 느낌과 상태이다. 행복이 어디에 있는가? 바로 느낌과 상태가 일어나는 몸 마음 정신에 있다. 행복하다는 느낌과 행복한 상태는 몸 마음 정신에서 일어나는 반응이고 현상이다. 몸 마음 정신은 조건이 주어지면 조건에 따른 반응과 현상을 일으키게 되어 있다. 그렇다면 우리 몸 마음 정신은 어떤 조건일 때 행복하다는 느낌이 일어나고 행복한 상태가 되는가?

흔히 사람들이 행복하다고 느끼거나 말할 때는 다름 아니라 욕구 충족이 아주 만족스럽게 이루어졌을 때이다. 예로 아주 맛있는 것, 아주 편하고 재미있는 것, 아주 귀하고 소중한 것

등등으로 만족스럽게 욕구가 충족되었을 때 사람들은 행복하다고 느끼고 말하게 된다.

그러니 행복의 조건과 기준은 욕구 충족이다. 욕구 충족이 만족스럽게 이루어지는 것이 행복의 조건이고 기준이 되므로 사람들은 욕구와 욕구 충족에 대한 시선과 생각을 바꾸면 행복을 어렵지 않게 발견할 수 있다고 말하는 것이다. 그리고 욕심 자체를 줄이면 쉽게 만족할 수 있고 긍정하는 마음으로 행복할 수 있다는 것이다.

이렇게 시선과 생각을 바꾸고 욕심을 줄이는 것이 행복을 어렵지 않게 발견할 수 있는 방법이라고 말하는데, 그렇다면 과연 시선과 생각을 바꾸고 욕심을 줄이는 방법은 무엇인가? 시선과 생각을 바꾸고 욕심을 줄일 수 있는 방법이 먼저 있어야 하지 않는가?

모든 욕구와 욕구 충족, 행복하다는 느낌과 상태, 시선과 생각을 바꾸고 욕심을 줄이는 것 전체가 몸 마음 정신에서 일어난다. 그러므로 모든 것이 몸 마음 정신을 어떻게 운용하는가에 달려 있다. 인생의 궁극적인 목적에 이르는 길은 돈과 명예, 일과 놀이 등의 외부 수단에 있는 것이 아니다. 어떤 수단을 통하든 결국 몸 마음 정신에서 길을 열 수밖에 없다.

바로 인생의 모든 문제의 답은 몸 마음 정신을 운용하는 방식에서 나온다. 이를테면 행복하다는 느낌과 상태에 이를 수 있는 방식으로 몸 마음 정신을 운용하면 인생의 궁극적인 목적을 이룰 수 있다. 일이관지의 맞물림 원리로 몸 마음 정신을 운용하면 인생의 모든 답이 나오고 모든 길이 열린다.

인생은 오르막길과
내리막길이 있다

 누구나 인생길을 가려면 오르막길도 가야하고 내리막길도 가야 한다. 인생길에서 오르막길과 내리막길을 반드시 가게 되어 있는 것이 자연의 이치이고 사람이 타고나는 운명이다. 우주 자연은 오르막과 내리막이 맞물리게 되어 있으니 자연의 이치인 것이고, 사람도 자연인 만큼 자연의 이치를 따르게 되므로 타고나는 운명인 것이다.

 누구나 각자 타고난 운명이 있다. 운명의 운運은 기운의 흐름을 뜻하고, 명命은 주어진 조건을 뜻한다. 그러니까 누구나 각자 주어진 조건을 타고나고, 기운의 흐름을 타고난다. 우리는 근본적으로 사람이라는 조건을 타고나고 또한 개별적으로 각자의 자질과 성품이라는 조건을 타고나며 각자 기운의 흐름을 타고난다.

　각자 타고난 자질과 성품은 인생길을 가는 수단이 되고, 각자 타고난 기운의 흐름은 오르막길과 내리막길로 나타난다. 따라서 누구나 인생길을 잘 가려면 자신의 타고난 자질과 성품을 잘 살려야 하고, 자신의 타고난 기운의 흐름을 잘 타고 가야 한다.

　인생을 사는 일은 마치 농사를 짓는 일과 같다. 타고난 자질과 성품은 농작물의 씨앗과 같고, 타고난 기운의 흐름은 농사 짓는 시기나 단계와 같다. 그리고 세상의 환경은 농토와 같다. 세상의 시대적 사회적 환경을 농토로 삼아 타고난 기운의 흐름에 맞춰 타고난 자질과 성품을 가꾸어 결실을 맺는 것이 인생 농사이다.

　농작물의 농사에서 좋은 품종의 씨앗과 비옥한 농토라고 해도 시기와 단계에 맞춰 씨앗을 뿌리고 가꾸지 않으면 농사를 망치듯이 인생도 마찬가지다. 아무리 타고난 자질과 성품이 뛰어나고 세상의 시대적 사회적 환경이 좋아도 타고난 기운의 흐름에 따라 시기와 단계에 맞추지 않으면 인생도 망치게 된다.

　인생도 농사도 망치지 않기 위해서 가장 중요한 것은 시기와 단계이다. 흔히 말하듯이 모든 것이 다 때가 있기 마련이다. 그러므로 때에 맞춰 즉, 시기와 단계에 맞춰 가꾸어 나가면 인생에서도 농사에서도 좋은 결실을 맺을 수 있다. 다시 말해 인생

　　　　　　　　　　　　　　　인생길 새롭게 열다

에서 결실은 각자 타고난 자질과 성품에 달려 있는 것이 아니라 각자 타고난 기운의 흐름에 따라 시기와 단계를 맞추는 일에 달려 있다. 당연히 누구에게나 각자 타고난 자질과 성품은 있는 것이므로 때를 맞추어 심고 가꾸면 콩 심은 데 콩 나고 팥 심은 데 팥 나듯이 자신의 자질과 성품에 따라 결실을 맺게 된다.

인생길에서 시기와 단계를 맞추어 가기 위해서는 각자 타고난 기운의 흐름을 잘 살피고 따라가야 한다. 인생길에서 각자 타고난 기운의 흐름은 오르막길과 내리막길로 나타난다. 오르막길은 기운이나 기세가 올라가 강해지는 시기나 단계이고, 내리막길은 기운이나 기세가 내려가 약해지는 시기나 단계이다. 오르막길은 기운의 상승 흐름이고 내리막길은 기운의 하강 흐름이다.

사람들은 인생길에서 기운의 상승 흐름이면 '운이 좋다'고 하며 기운의 하강 흐름이면 '운이 나쁘다'고 한다. 오르막길은 운이 좋은 시기와 단계이고 내리막길은 운이 나쁜 시기와 단계이다. 인생길은 운이 좋은 오르막길과 운이 나쁜 내리막길이 맞물려 있다. 운이 좋은 오르막길이 나타나 기운의 상승 흐름을 타게 되면 하는 일이 수월하게 잘 되고 생각지도 않은 도움을 저절로 받게 되지만, 운이 나쁜 내리막길이 나타나 기운의 하강 흐름을 타게 되면 하는 일마다 잘 풀리지 않고 도움을 받고 싶어도 받을 수가 없게 된다.

운이 좋은 오르막길이 희망과 성공의 흐름을 타는 시기라면 운이 나쁜 내리막길은 절망과 실패의 흐름을 타는 시기이다. 희망은 절망과 맞물리고, 성공은 실패와 맞물려 있다. 희망이 있으면 절망이 있게 마련이고, 성공이 있으면 실패가 있게 마련이다. 절망이 없으면 희망도 없게 되고 실패가 없으면 성공도 없게 된다.

이 세상의 어떤 누구에게도 인생길 처음부터 끝까지 절망과 실패는 없이 희망과 성공만 있을 수가 없고, 또한 희망과 성공은 없이 절망과 실패만 있을 수가 없다. 누구나 반드시 내리막길에서 절망과 실패의 단계를 밟는 시기가 있고, 오르막길에서 희망과 성공의 단계를 밟는 시기가 있다. 다만 사람마다 오르막길과 내리막길이 나타나는 시기가 같거나 비슷한 경우가 있고, 전혀 다른 경우가 있을 뿐이다.

한편, 인생길에서 오르막길과 내리막길이 맞물리는 흐름은 두 가지로 나타난다. 즉, 한 가지 흐름은 오르막길이 먼저 나타나고 내리막길이 이어져 맞물리고, 다른 한 가지 흐름은 내리막길이 먼저 나타나고 오르막길이 이어져 맞물린다. 그러니까 희망과 성공의 흐름을 타는 오르막길을 먼저 만나고 이어서 내리막길로 가게 되는 사람들이 있고, 절망과 실패의 흐름을 타는 내리막길을 먼저 만나고 이어서 오르막길로 가게 되는 사람들이 있다는 말이다.

그리고 인생길에서 만나는 오르막길과 내리막길이 시작되고 끝나는 기간은 각각 30년이다. 명리학자 김태규의 '운명순환' 연구에서 "사람의 운세는 60년을 주기로 오르내림을 반복한다. 오름 30년, 내림 30년"이라고 밝히고 있듯이 사람은 인생길에서 30년 동안 오르막길의 흐름을 타고 30년 동안 내리막길의 흐름을 탄다.

누구나 인생길에서 오르막길의 흐름을 타기 시작하면 정상으로 올라가기 까지 15년 그리고 정상에서 내려오기 까지 15년이 걸리고, 내리막길의 흐름을 타기 시작하면 바닥으로 내려가기까지 15년 그리고 다시 올라오기까지 15년이 걸린다. 오르막길에서 정상에 오르면 내려가게 되고, 내리막길에서 바닥에 이르면 올라가게 되어 있다. 다시 말해 오르막길에서 희망과 성공의 정상에 이르렀다고 해서 계속 정상에 있을 수 없게 되어 있고, 내리막길에서 절망과 실패의 바닥에 이르렀다고 해서 계속 바닥에 있지 않게 되어 있다. 그러므로 오르막길에서 희망과 성공의 정상으로 올라가면서 뒤 이어 내려가는 흐름을 대비하고, 내리막길에서 절망과 실패의 바닥으로 내려가면서 뒤 이어 올라가는 흐름을 대비해야 한다.

인생길에서 성공의 정상에 이른 것도 오르막길의 기운 상승 흐름 덕분이고 실패의 바닥에 이른 것도 내리막길의 기운 하강 탓이므로 오르막길에서 자만하며 우월감을 가질 일도 아니고 내리막길에서 자학하며 열등감에 빠질 일도 아니다. 오르막길에서는 내리막길을 대비하고 내리막길에서는 오르막길을 대비하면서 기운의 흐름을 타고 시기와 단계를 잘 맞추어 노력해 나가면 누구나 인생의 결실을 잘 맺을 수 있다.

특히 주의해야 할 경우는 부모와 자녀의 기운 흐름이 다를 때이다. 부모가 오르막길의 흐름에 있고 자녀 중에 내리막길의 흐름에 있는 자녀가 있을 때 서로 다른 기운의 흐름에 있다는 것을 알지 못하면 부모는 자녀를 못난 취급을 하며 꾸짖고 무시하게 된다.

내리막길의 흐름에 있는 자녀는 어쩔 수 없이 기운의 하강 흐름에 따라 제대로 능력이 발휘되지 않아 힘들어 진다. 자녀가 어쩔 수 없이 힘이 드는 시기와 단계에 있을 때 못난 취급을 하며 꾸짖고 무시하면 스스로 자학과 열등감에 빠져 자포자기하고 마는 참담한 결과를 가져올 수 있다. 자녀가 내리막길에 있다는 것은 나중에 오르막길로 가게 되어 있다는 사실과 맞물려 있으므로 뒤에 이어질 오르막길을 대비해 잘 다지도록 기회를 주면 오르막길에서 자신의 자질과 성품을 바탕으로 제대로 인생의 결실을 맺을 수 있게 된다.

새롭고
또 다른 인생길

　하나의 이치로 모든 것을 꿰뚫는 일이관지의 원리, 즉 맞물림 원리로 가는 인생길은 새롭고 또 다른 길이다. 지금까지 인류가 걸어간 인생길은 대표적으로 두 갈래였다. 한 갈래는 속세에서 사는 인생길이고, 다른 한 갈래는 출가해서 사는 인생길이었다. 일이관지의 맞물림 원리로 가는 인생길은 속세에서 사는 인생길과 출가해서 사는 인생길이 함께 맞물려 균형을 이루어 열리는 다른 차원의 길이기 때문에 새롭고 또 다른 인생길이다.

　속세는 다른 말로 세간世間이라 하고, 출가는 다른 말로 출세간出世間이라고 한다. 세간의 세世는 변화를 뜻하고, 간間은 가운

데를 뜻하므로 세간은 변화의 가운데라는 말이고, 변하면서 흘러가는 세상의 현상 모두를 가리킨다. 따라서 세간의 인생길은 변하면서 흘러가는 세상의 현상으로부터 번뇌의 괴로움을 겪을 수밖에 없는 길이다.

한편, 출세간의 출出은 나간다는 뜻이므로 세간을 나와 벗어난다는 말이고, 세간의 번뇌를 벗어난 깨달음의 경지를 가리킨다. 따라서 출세간의 인생길은 번뇌의 괴로움이 가득한 세간을 벗어나 번뇌의 더러움에 물들지 않고 깨끗한 길이다.

일이관지의 맞물림 원리로 가는 인생길은 세간의 더러움과 출세간의 깨끗함이 맞물려 더러움과 깨끗함을 함께 품으면서 열린 다른 차원의 길이다. 그래서 새로운 인생길이고, 세간의 길이나 출세간의 길과는 또 다른 길이다.

세간의 인생길은 어렵고 힘들다. 그래서 세간을 벗어나 출세간의 인생길로 가고 싶어한다. 그러나 출세간의 인생길도 어렵고 힘들기는 마찬가지다. 다만 세간의 인생길은 어렵고 힘든 게 끝이 나지 않고, 출세간의 인생길은 깨달음의 경지에 이르면 어렵고 힘든 게 끝이 난다는 점이 다르다.

일이관지의 맞물림 원리로 가는 새롭고 또 다른 인생길은 어렵고 힘든 게 끝이 나지 않는 차원과 끝이 나는 차원이 맞물려 끝이 나고 안 나고의 경계 구분이 없이 하나가 되는 전체 차원

인생길 새롭게 열다

이 된다. 전체 차원이 되면 인생길이 어렵고 힘들어도 어렵지 않고 힘들지 않게 갈 수 있다. 어렵고 힘든 것을 피하지 않고 품으면 어렵지 않고 힘들지 않은 것이 맞물려, 어렵고 어렵지 않고의 경계 구분이 없어지기 때문이다.

세간의 인생길과 출세간의 인생길은 시작은 같은데 끝이 다르다. 세간의 인생길은 끝이 있고, 출세간의 인생길은 끝이 없다. 세간의 인생길은 죽음이 끝이 되고 출세간의 인생길은 죽음이 또 다른 시작이 된다. 세간의 인생길은 죽음으로 끝이 나므로 죽음의 경계에서 보면 삶이 모두 무의미해지고, 출세간의 인생길은 죽음으로 또 다른 시작이 되므로 삶은 모두 또 다른 시작을 위해 의미가 생겨난다.

세간의 인생길은 죽음으로 끝이 나는 유한한 길이고, 출세간의 인생길은 죽음으로 또 다른 시작이 되는 무한한 길이다. 세간의 인생길은 삶 속에 미래가 있어 미래의 삶 속에 삶의 부분적인 목적이 있고, 출세간의 인생길은 삶 밖에 미래가 있어 삶 밖의 미래에 삶의 전체적인 목적이 있다.

세간의 인생길과 출세간의 인생길이 맞물려 열리는 새롭고 또 다른 길은 삶 속에서 삶의 부분적인 목적을 이루면서 삶 밖에서 삶의 전체적인 목적을 이루어 나간다. 그리하여 세간의 유한하고 부분적인 차원과 출세간의 무한하고 전체적인 차원이 맞물려 하나가 되는 전일적인 차원에 이르게 된다.

　지금까지 인류는 세간의 인생길로만 가거나 아니면 출세간의 인생길로만 가려고 했다. 세간의 유한한 인생길로만 가거나 출세간의 무한한 인생길로만 가면 한쪽 극으로 치우쳐서 결국 생명력이 떨어지고 지나치면 무너지고 만다. 생명력은 양쪽 극이 맞물려야 생겨나는 것이므로 세간과 출세간, 유한성과 무한성, 부분 차원과 전체 차원이 맞물릴 때 생명력이 가득한 전일 차원의 인생길이 열린다.

　이제 세간이나 출세간 어느 한쪽 극으로 치우치지 않고 세간과 출세간이 맞물려 균형을 이루는 새롭고 또 다른 인생길로 갈 수 있게 되었다. 새롭고 또 다른 인생길, 일이관지의 맞물림 원리로 가면 된다.

인생길 새롭게 열다

생존하기
존재하기

　사람은 생존하고 존재한다. 사람에게 일어나는 욕구가 근본적으로 생존 욕구와 존재 욕구 두 갈래뿐이기 때문이다. 생존 生存은 글자 그대로 살아 生 있음 存이고, 존재 存在는 글자 그대로 있고 存 있어 在 늘 있음이다. 생존하기는 생존 욕구에 따라 살아 있으려고 하는 일이고, 존재하기는 존재 욕구에 따라 늘 있으려고 하는 일이다.

　사람의 인생이란 생존하기와 존재하기를 위한 여정이다. 사람은 인생을 살면서 살아 있으려고 애를 쓰고 또한 늘 있으려고 애를 쓴다. 사람이 생존하기를 잘 하고 또한 존재하기를 잘 할 때 진정으로 사람다운 사람의 인생이 완성될 수 있다.

생존하기는 하나의 개체로서 생명을 유지하며 살아 있으려고 하는 일이고, 존재하기는 전체 생명 체계와 하나가 되어 늘 있으려고 하는 일이다. 생존하기는 사람 뿐만 아니라 동식물을 포함한 모든 생물이 해야 하는 일이다. 하지만 존재하기는 사람만이 하고 싶은 일이다. 사람은 동식물과 달리 해야 하는 일과 하고 싶은 일이 맞물려 균형을 이루도록 타고난 유일한 생물이다. 사람과 달리 동식물이나 다른 생물들은 주어진 수명에 따라 생존하기만 하면 되는데, 사람은 하나의 개체로 생명을 유지하려는 생존하기에서 그치지 않고 전체 생명 체계와 하나가 되려는 존재하기에까지 이르고자 한다.

생존하기와 존재하기는 차원이 다르다. 모든 생물의 생존 욕구와 사람만의 존재 욕구는 차원이 다르다. 말하자면 생존하기는 생존 욕구에 따라 하나의 개체가 생명을 유지하려는 개체 차원이고, 존재하기는 존재 욕구에 따라 전체 생명 체계와 하나가 되려는 전체 차원이다. 마치 개체 차원이 1차원의 선이나 2차원의 면이라면 전체 차원은 3차원의 입체와 같다고 할 수 있고, 개체 차원이 얕은 표층이라면 전체 차원은 깊은 심층이라고 할 수 있다.

생존하기로 살아 있음은 죽음으로 끝이 있어 유한하고, 존재하기로 늘 있음은 끝이 없어 무한하다. 사람은 다른 동물처럼 끝이 있어 유한한 생존하기를 추구함과 동시에 다른 동물과 다르게 끝이 없어 무한한 존재하기를 추구한다. 그렇게 사람은 유한성과 무한성이 맞물려 있다. 동물에게는 유한성의 차원만 있고 사람에게는 유한성과 무한성이 맞물려 있어 동물과 달리 무한성의 차원이 깊은 곳에 자리하고 있다. 바로 사람의 깊은 곳에 자리하고 있는 이 무한성의 차원이 사람의 끝없는 욕심을 일으키게 만들 수 있는 근원지이다.

사람의 표층은 유한성 차원이고 심층은 무한성의 차원이다. 사람들은 표층에 있는 유한성의 차원을 동물성이라 하고, 심층에 있는 무한성의 차원을 신성이라고 한다. 유한성 차원의 동물성은 개체 차원이고, 무한성 차원의 신성은 전체 차원이다. 그러므로 사람의 인성人性은 개체 차원의 동물성動物性과 전체 차원의 신성神性이 맞물려 이루어지는 것이다. 사람의 인성이 제대로 완성되려면 개체의 유한성 차원의 동물성과 전체의 무한성 차원의 신성이 제대로 맞물려야 한다는 말이다.

사람의 인성을 완성하는 길은 개체 차원의 생존하기와 전체 차원의 존재하기가 맞물리게 하는 일이다. 그것이 또한 사람의 삶 즉, 인생을 완성하는 길이기도 하다. 개체 차원의 생존하기는 표층의 유한한 동물성 영역에서 이루어지고, 전체 차원의 존재하기는 심층의 무한한 신성 영역에서 이루어진다. 따라서 개체 차원의 생존하기는 겉의 표층에서 그리고 전체 차원의 존재하기는 속의 심층에서 추구해야 하는 일이다.

사람은 겉의 표층에서 생존하기를 잘 하고 속의 심층에서 존재하기를 잘 할 때 인생살이를 잘 할 수 있다. 생존하기가 겉의 표층에서 잘 이루어지려면 자신의 외부와 관계를 잘 유지해야 하고, 존재하기가 속의 심층에서 잘 이루어지려면 자신의 내면과 관계를 잘 유지해야 한다. 자신의 외부와 관계를 잘 유지하려면 자연, 사람, 사회 등 외부 조건을 잘 파악하고 대응하는 기준과 방법이 있어야 하고, 자신의 내면과 관계를 잘 유지하려면 몸 마음 정신의 구조와 작용을 잘 헤아리고 운용하는 기준과 방법이 있어야 한다.

생존하기와 존재하기는 모든 것을 하나로 꿰고 있는 일이관지의 맞물림 원리로 파악하고 대응하며 헤아리고 운용하면 된다. 일이관지의 맞물림 원리로 개체 차원의 생존하기와 전체 차원의 존재하기, 표층 차원의 생존하기와 심층 차원의 존재하기, 동물성 차원의 생존하기와 신성 차원의 존재하기, 유한성 차원의 생존하기와 무한성 차원의 존재하기가 맞물리게 하면 된다. 그리하면 진정으로 사람다운 사람의 인생이 완성되는 인생길이 열린다. 자신의 외부에서 생존하고 자신의 내면에서 존재하라. 이것이 진정으로 사람답게 사는 길이다.

'존재하기'를 잘못하면
불행해진다

　사람은 자신의 외부에서 생존하고 자신의 내면에서 존재할 때 제대로 행복한 인생길을 갈 수 있다. 사람은 하나의 개체로서 외부와 관계를 이루며 생명을 유지하고, 자신의 내면에서 전체 생명 체계와 하나가 되는 인생길로 가야 제대로 행복할 수 있다.

　그런데 사람들은 거의 대부분 자신의 외부에서 '생존하기'와 함께 '존재하기'도 이루려고 한다. 분명 '존재하기'는 자신의 내면에서 이루어질 수 있는 것인데 자신의 외부에서 '존재하기'를 이루려는 잘못을 하고 있다. 그래서 슬프고 애달픈 불행한 인생길로 빠져들 수밖에 없게 된다.

흔히 사람들이 자신의 외부에서 '존재하기'를 이루려고 하는 잘못을 범하는 까닭은 두 가지이다. 한 가지는 자신의 내면에서 '존재하기'가 이루어진다는 사실을 까맣게 잊어버리고 있기 때문이고, 다른 한 가지는 존재욕구를 '존재하다'가 아니라 '존재이다'로 사실과 다르게 해석하기 때문이다.

인류 역사에서 그 동안 수많은 수행자들이 자신의 내면에서 전체 생명 체계와 하나가 되려고 수행을 하면서 '존재하기'에 대해 보여주고 알려주었는데도 대부분의 사람들은 자신의 바탕에 무한성 차원의 존재욕구가 자리하고 있다는 사실도 깨닫지 못하고 내면에서 존재욕구를 충족할 수 있다는 사실도 거의 잊고 있다. 그러므로 사람들은 자신의 내면에서 전체 생명 체계와 하나가 되면 생겨나는 안정감을 얻지 못하게 되고, 그로 인해 일어나는 불안감을 자신의 외부에서 관계를 이어가며 해소하려고 애를 쓰게 된다.

한편, 본래 존재욕구에서 '존재'라는 말은 '존재하다'이고, 글자 그대로 '늘 있다'이다. 철학자 김용옥이 "서양철학사의 전통은 존재를 '있다'라는 사태로 접근하지 않고 항상 '이다'라는 사태로 접근하는 성향"이라고 지적하듯이 사람들은 존재의 문제를 '있다' 즉, '존재하다'가 아니라 '이다' 즉, '존재이다'로 해석하고 접근한다.

인생길 새롭게 열다

'존재하다'는 '늘 있다'이므로 무한한 안정감이 얻어지는데, '존재이다'로 사실과 다르게 해석하고 접근함으로써 분리된 존재가 되면서 불안감이 일어나게 된다. 분리된 존재는 다른 분리된 존재들 즉, 다른 사람들과 관계를 이어가며 불안감을 해소하려고 애를 쓰게 된다.

분리된 존재가 다른 분리된 존재들과의 관계를 이어가며 안정감을 얻기 위해서는 다른 분리된 존재들에게 소중한 존재가 되어야 한다. 다른 존재들에게 소중하고 특별한 존재로서 의미와 가치가 있어야 다른 존재들이 관계를 이어가려고 할 것이기 때문이다.

그리고 다른 존재들에게 소중하고 특별한 존재로 의미와 가치가 있으려면 다른 존재들보다 높은 위치에서 이끌어주거나 아니면 다른 존재들보다 낮은 위치에서 이끌려야 한다. 그렇게 다른 존재들보다 높은 위치가 되려면 다른 존재들을 밟고 올라서야 하고, 다른 존재들보다 낮은 위치가 되려면 다른 존재들에게 밟혀야 한다.

누구나 말할 것도 없이 이왕이면 높은 위치에 있으려고 하지 낮은 위치에 있으려고 하지 않는다. 그러다 보니 서로 다른 존재들보다 높은 위치에 있으려고 다른 존재들을 밟고 올라서기 위해 경쟁을 하지 않을 수 없게 된다. 이것이 바로 이름하여 존재 경쟁이다.

이와 같이 사람들이 내면에서 '존재하기'를 이루지 못하고, '존재하다'를 '존재이다'로 해석하고 접근함으로써 벌어지게 된 존재 경쟁은 서로 밟고 밟히는 진흙탕 싸움이 되고 만다. 다른 존재를 밟고 올라 소중하고 특별한 존재가 된다고 하여도 또 다른 존재에게 밟히게 되면 소중하지도 특별하지도 않은 존재가 되기 십상이다. 다른 존재에게 소중하고 특별한 존재가 되려면 그 만큼 애를 써야 하는데 언제나 늘 소중하고 특별한 존재가 되는 것은 거의 불가능하다.

게다가 소중하고 특별한 존재가 되면 상대에게 그 만큼 대접해주기를 요구하며 상대를 괴롭히지 않을 수 없고, 소중하지도 특별하지도 않은 존재가 되면 무시당한 만큼 되갚기 위해 상대를 어떻게든 밟아버려야 하는 일도 벌어지고 만다.

사람들은 다른 존재들에게 소중하고 특별한 존재가 되어 관계를 이어감으로써 안정감을 얻으려고 한다. 분리된 존재는 분리된 불안감을 다른 존재들과 관계를 이으면서 안정감으로 바꾸려고 한다. 사람들은 자신의 내면에서 전체 생명 체계와 하나가 되는 안정감을 얻으려고 하지 않고, 다른 존재들을 부분부분 이어가며 안정감을 얻으려고 애를 쓰고 있다.

사람들은 분리된 존재가 얻고자 하는 안정감을 '존재감'이라고 부른다. 사람들이 존재감을 잃지 않으려고 애를 쓰는 이유는 분리된 존재의 분리된 불안감을 벗어나 안정감을 얻고 싶기 때문이다. 사람들은 안정감을 얻으면 행복해하고, 분리된 불안감을 벗어나지 못하면 불행하다고 여긴다. 다시 말해 사람들은 다른 존재보다 높은 위치가 되어 존재감이 생겨나면 행복해하고, 낮은 위치가 되어 존재감이 사라지면 불행하다고 여긴다.

진정으로 안정감을 얻고 행복해지려면 자신의 내면에서 '존재하기'를 잘 이루어 전체 생명 체계와 하나가 되어야 한다. 그렇지 않고 '존재하기'를 잘못하여 '존재이다'로 해석하고 접근해 다른 존재들과 부분 부분으로 조각 조각 이어가는 부분 조각의 안정감으로는 분리된 불안감을 온전하게 벗어나기 힘들다. 결국 자신의 내면에서 '존재하기'를 잘 이루지 못하고 '존재하기'를 잘못해 '존재이다'로 접근하면 분리된 불안감을 온전하게 벗어나지 못해 불행해질 수밖에 없다.

인간관계는
생존의 차원이다

   사람은 사람과 관계를 맺으며 살아간다. 부모와 자식처럼 선택의 여지가 없는 관계가 맺어지기도 하고, 동료나 이웃처럼 선택할 수 있는 관계를 맺어가면서 말이다. 사람이 사람과 저절로 관계가 맺어지고 또한 필요가 있는 관계를 맺으면서 사회社會가 이루어진다.

   사람들은 아리스토텔레스가 말한 것처럼 '인간은 사회적 동물'이고, 인간은 사회를 떠나서 살 수가 없다고 말하기도 한다. 인간이 사회를 떠나서 살 수가 없다는 말이 사실이라면 인간은 인간관계를 떠나서 살 수 없다는 말이 된다. 대체 인간관계가 무엇이길래, 다시 말해 인간관계에서 무엇이 얻어지길래 인간이 인간관계를 떠나서는 살 수가 없다는 것일까?

인간관계는 인간人間이라는 글자에 나타나듯이 사람人 사이間의 관계이다. 사람과 사람 사이의 관계는 서로 얻고자 하는 것이 있어서 이루어진다. 만약 얻고자 하는 것이 없다면 사람과 사람 사이의 관계는 이루어지지 않는다. 무엇인가 얻어지는 것이 있어야 사람과 사람 사이의 관계가 이루어질 수 있다.

사람이 결국 관계를 통해서 얻고자 하는 것은 '생존하기'이다. 사람은 생명을 유지하며 생존하기 위해서 협력이 필요하다. 학자들의 말대로 사람은 자연 생태계에 속한 생물의 한 종이고, 생명을 유지하는 생존 능력으로 따져보면 너무나도 나약한 생물이다. 사람은 스스로 몸을 보호할만한 가죽이나 털도 없이 약한 살가죽, 다른 동물처럼 스스로를 지키거나 사냥을 할 수 있는 날카로운 송곳니나 발톱, 또한 특별한 감각기관이나 장치가 없어 자연생태계에서 혼자 생존하기에는 아주 어려움이 많은 생물이다.

그렇게 사람은 나약하며 혼자서는 대책이 없는 생물이기 때문에 생명을 지키며 생존을 잘하기 위해서는 서로 함께 협력을 하지 않을 수가 없다. 다른 생물들과 생존 경쟁하며 살아남기 위해서 사람은 우선 서로 협력하며 힘을 합칠 수밖에 없는 처지이다. 결국 사람과 사람 사이에 관계가 이루어지는 것은 생존을 위해 서로 협력이 필요하기 때문인 것이다.

이와 같이 부모와 자식의 관계도 남편과 아내의 관계도 동료와 이웃의 관계도 그리고 직장, 사회, 국가에서의 인간관계도 모두 생존에 필요한 협력 때문에 관계가 이루어진다. 다시 강조하건대 인간관계에서 얻을 수 있는 것은 생존을 위한 협력뿐이다. 생존에 필요한 협력 빼고는 얻을 것이 없는데 사람들은 협력이 아니라 경쟁을 하며 인간관계에서 오히려 생존의 위협을 받는다.

흔히 사람들은 '생존 경쟁'이라는 말을 할 때 개체의 생명을 유지하기 위해 먹고 사는 문제와 자신들이 속한 조직이나 체제에서 살아남는 문제를 혼동하고 있다. 다시 말해 먹고 살기 위해 자신들이 속한 조직이나 체제에서 살아남아야 한다는 것이다. 물론 직장이라는 조직이나 시장이라는 체제에서 살아남아야 먹고 사는 문제가 해결될 수 있다는 말은 틀린 말이 아니다. 하지만 그 직장이나 그 시장, 또는 그 조직이나 그 체제가 아니더라도 개체의 생명을 유지하는 일은 가능하다는 점을 헤아려야 한다.

사람이 먹고 사는 길은 다양하다. 그렇지만 생명을 유지하는 일은 근본적으로 단순하다. 생명은 근본적으로 입과 코를 통해 음식과 호흡이 해결되기만 하면 된다. 다시 말하자면 입과 항문으로 음식이 들어가고 나오고, 코로 호흡이 들어가고 나오면 생명이 유지된다.

'생존하기'는 생명을 유지하기 위해 필요한 음식과 호흡을 해결하는 일이다. 음식과 호흡은 특정한 직장이나 시장이 아니더라도 또는 특정한 조직이나 체제가 아니더라도 직접 해결이 가능하다. 사실 지구에 사는 모든 사람들이 음식을 먹고 호흡을 하며 사는 '생존하기'에 초점을 맞춘다면 지구가 주는 자원으로 어떻게든 모든 사람들이 생명을 유지할 수 있다. 그런데 사람들은 다른 동물과 달리 생존에 직접 필요하지 않은 생각과 행동을 하기 때문에 자신들이 속한 직장이나 시장에서 생존에 직접 필요하지 않은 경쟁을 하면서 오히려 생명 유지가 힘들어지는 일이 벌어진다.

사람은 생존하고 존재한다. 사람은 다른 생물과 마찬가지로 생존하려고 할 뿐만 아니라 다른 생물과 다르게 존재하려고 한다. 즉, 사람은 생존해 살아 있으려고 하는 생존욕구가 있고, 존재해 늘 있으려고 하는 존재욕구가 있다. 그래서 사람은 생존을 하면서 동시에 생존에 직접 필요하지 않은 생각과 행동을 하게 된다. 사람은 늘 있으려고 하는 존재욕구가 있기 때문에 생존에 직접 필요하지 않은 생각과 행동을 하는 것이다.

사람은 인간관계에서 생존하고 자기 내면에서 존재한다. 인간관계에서 '생존하기'는 개체의 생명 유지 차원이고, 자기 내면에서 '존재하기'는 전체와 하나되는 차원이다. 사람이 인간관계에서 얻을 수 있는 것은 생존 차원에서 개체의 생명을 유지하는 일이고, 자기 내면에서 얻을 수 있는 것은 존재 차원에서 전체와 하나되는 일이다.

따라서 인간관계에서는 생존하기만 이루어야 하고, 생존에 직접 필요하지 않은 생각과 행동은 하지 말아야 한다. 생존에 필요하지 않은 생각과 행동을 일으키는 존재욕구는 자기 내면에서 이루어야 하는 일이다. 인간관계에서 생존에 직접 필요하지 않은 생각과 행동을 하면 생존을 망치게 되는 일이 벌어지고 만다. 인간관계에서는 개체의 생명을 유지하는 '생존하기'에 초점을 맞추고, 자기 내면에서 전체와 하나되는 '존재하기'에 초점을 맞추며 살아야 제대로 온전한 인생길을 갈 수 있다.

존재감
확인이 문제다

　사람들은 자신도 모르게 자신의 존재감을 확인하기 위해서 애를 쓴다. 본래 존재감은 '존재한다'는 느낌, 즉 늘 있다는 느낌의 상태를 말하는데, 사람들이 확인하려고 하는 존재감은 특별한 '존재이다'라는 느낌이다. 남들보다 특별하고 우월한 존재라는 느낌, 또는 아주 소중한 존재라는 느낌을 확인하고 유지하기 위해 사람들이 애를 쓰고 있다.

　본래 늘 있다는 느낌의 상태를 말하는 존재감은 자신의 내면에 있는 것인데, 미처 사람들이 깨닫지 못한 까닭에 남들보다 특별하고 우월한 존재가 되거나 남들에게 아주 소중한 존재가 됨으로써 자신의 존재감을 확인하고 유지하려고 한다. 바로 문제는 남들보다 특별하고 우월한 존재가 되기 위해서는 남들을 밟고 올라서야 한다는 사실, 그리고 남에게 아주 소중한 존재가 되기 위해서는 남을 무능하고 무력하게 만들어야 한다는 사실에 있다.

사람들은 인생에서 우선은 먹고 사는 것이 급한 문제라고 말한다. 그리고 일단 먹고 사는 문제가 해결되면 그 다음으로 권력과 명예를 누려야만 만족하는 것이 인간의 본성이라고 여기는 사람들이 많다. 먹고 사는 것은 생존의 문제이고, 권력과 명예는 존재감의 문제이다.

사람들이 누리고 싶어하는 권력과 명예는 남들보다 특별하고 우월한 존재가 될 때 얻어진다. 남들보다 특별하고 우월한 존재가 되려면 '존재 경쟁'에서 이겨 남들을 밟고 올라서야 한다. 이렇게 다른 존재들을 밟고 올라서야 특별하고 우월한 존재로서 존재감이 확인될 수 있기 때문에 누군가의 존재감이 확인되면 반드시 다른 누군가는 존재감이 뭉개지는 사태가 벌어지게 된다.

사람들에게 닥치는 인생의 문제는 거의 대부분 자신의 존재감이 확인되느냐 아니면 존재감이 뭉개지느냐의 '존재 경쟁'에서 비롯된다. 사람들은 인생에서 우선 먹고 사는 생존의 문제가 급하다고 하면서도 자신의 존재감 확인에 더 매달린다. 왜냐하면 확실하게 자신의 존재감이 확인될 수 있는 특별하고 높은 존재가 되면 먹고 사는 생존의 문제도 해결될 수 있다고 여길 뿐만 아니라, 존재감이 확인되지 않으면 자신의 존재가 사라져 죽은 것과 같다고 여기기 때문이다.

사람이 목숨을 걸고 하는 일은 모두 존재감에 목적이 있다. '목숨을 다 바쳐' 사랑하고, 헌신하고, 희생하는 일은 자신이 특별하고 소중한 존재라는 존재감을 위해서 생명을 유지하는 생존의 문제를 내던지는 일이다. 생명을 유지하려는 생존이 목적이라면 목숨을 잃게 될 수도 있는 사랑과 헌신과 희생을 하려고 나서지 않을 것이다.

물론 다수의 생명을 유지하기 위해 소수의 생명이 희생될 수밖에 없는 일이 있을 수 있지만, 애초에 모든 사람이 존재감이 아니라 생존에 초점을 두고 있다면 다수의 생명 유지를 위해서 소수의 생명이 희생되는 일도 일어나지 않을 것이다.

남을 위해 사랑하고 헌신하고 희생하는 일은 오로지 생명을 유지하는 생존을 위한 경우일 때만 고귀하고 거룩하다. 조금이라도 자신이 특별하고 소중한 존재라는 존재감 확인을 위한 사랑과 헌신과 희생이라면 결국 무의미하다. 그렇게 얻어진 존재감은 잠시일 뿐 오래 가지 않으니 허망하고, 사랑과 헌신과 희생에 생명 에너지를 쏟다 보면 정작 생명을 유지하는 생존이 불리해지니 손해이다.

세상에서 벌어지는 전쟁도 생존의 문제보다 존재감 때문인 경우가 대부분이다. 국제 관계 전문가 리처드 레보는 "전쟁의 주된 원인은 정체성이나 존엄, 심리적 지위가 무시당할 때"라고 말한다. 인류가 벌인 2천년 동안의 전쟁사를 살펴보면 전쟁을 일으키는 주된 원인이 존재감을 위한 존재 경쟁 때문이라는 이야기이다. 다시 말해 남들보다 특별하고 우월한 자신들의 존엄과 심리적 지위를 얻기 위해 전쟁을 하며 서로 생존의 기반을 무너뜨려 온 것이 인류 역사의 비극이다.

인류와 인생의 문제는 존재감을 위한 존재 경쟁에서 비롯된다. 인류는 생존을 위해서 보다 존재감을 위해서 수많은 전쟁을 해왔고 지금도 존재감을 위해서 국가간에 전쟁이 벌어지고 있다. 게다가 사회와 조직과 가족 사이에서도 존재감을 위해 전쟁 아닌 전쟁을 치르고 있다.

존재 경쟁은 남의 존재를 죽이지 않으면 나의 존재가 죽는 전쟁과 같다. 내 존재가 특별하고 우월한 존재가 되려면 남의 존재를 밟아야 하고 죽여야 한다. 남의 존재를 내리 깔아 무시하고, 비난하고, 경멸하여 남의 존재감이 죽어 없어져야 나의 존재감이 살아난다.

사람들이 존재 경쟁을 해서라도 채우려고 하는 존재 욕구는 사람만이 가진 욕구이다. 사람은 생존하여 살아 있으려고 하고, 존재하며 늘 있으려고 한다. 사람에게는 살아 있으려는 생존 욕구가 끝이 아니고 항상 늘 있으려는 존재 욕구가 더 있다.

인생길에서 사람이 가진 존재 욕구가 문제를 일으키는 까닭은 두 가지이다. 하나는 존재 욕구가 끝 없이 무한하다는 점이고, 다른 하나는 존재 욕구가 '존재한다'가 아니라 '존재이다'로 변질된다는 점이다. 존재 욕구는 끝 없이 무한하게 늘 있으려고 하는 욕구이기 때문에 남들과 존재 경쟁을 해서 잠깐씩 맛보는 존재감으로는 충족이 될 수 없다는 데 문제가 있다. 그리고 늘 있으려는 욕구, 즉 늘 존재하려는 게 아니라 늘 어떤 존재이려고 하는 데 문제가 있다.

사람들이 흔히 존재감을 말할 때, '존재하고 있다'는 느낌만이 아니라 '내가 이런 존재이다'라는 느낌까지도 포함하고 있다. 사람들이 말하는 '미친 존재감'이라는 말은 언제 어디서나 존재하고 있다고 확인되는 데 그치지 않고 특별하고 특이한 존재로서 드러나는 것을 뜻한다.

심리학자나 교육학자들은 어려서부터 존재감을 높일 수 있도록 해주어야 한다고 말한다. 존재감이 높아지면 자신감이 커지고 긍정적인 자세로 생활할 수 있다는 것이다. 일리가 있는 말이기는 하지만 여기서 말하는 존재감은 존재하고 있다고 확인하는 정도가 아니라 특별하고 특이한 존재라는 것이 드러나야 하는 정도까지를 말하고 있다.

정확하게 따지고 보면 '존재하고 있다'는 존재감은 남에게 확인 받지 않아도 스스로 느낄 수 있는 것이다. 다시 말해 남이 관심을 기울여 주지 않아도, 인정을 해주지 않아도 '존재하고 있다'는 느낌은 스스로 살펴보면 그대로 있기 때문에 별 문제가 되지 않는다.

　그렇지만 남보다 더, 또는 남과 다른 존재로 드러나야 하는 존재감은 남에게 드러나서 확인되어야 가능하다는 데 문제가 있다. 남보다 더, 남과 다른 특별하고 특이한 존재로 남에게 드러나 확인이 되려면 결국 남들과 비교하고 경쟁하는 수밖에 없게 된다. 본래 비교와 경쟁은 끝이 날 수 없기 때문에 비교와 경쟁으로 존재감을 얻으려고 하면 끝 없이 비교와 경쟁에서 이겨야 하는 전쟁터를 벗어날 수가 없다.

　사실 나는 늘 존재하고 있다. 남들에게 드러나고 확인되지 않아도 나는 늘 있다. 스스로 자신을 늘 살펴보면 자신은 늘 있다. 사람의 존재 욕구는 늘 있으려고 하는 욕구이므로 스스로 자신을 늘 살펴보면 확인하고 채울 수 있다. 물론 내면을 깊게 살펴 내면의 바탕에 있는 무한성을 확인할 수 있어야 확실하고 온전할 수 있겠지만, 일단 스스로 자신의 내면을 향하기만 해도 얕게나마 존재하고 있다는 느낌은 확인할 수 있다.

　이렇게 존재 욕구는 늘 있는 느낌을 확인하면 되는 것이니까

인생길 새롭게 열다

남이 아니라 스스로 자신에게서 충족될 수 있다. 늘 자신을 살펴 늘 있는 느낌을 확인하면 되는 것을, 그리고 더 깊게 늘 있는 느낌을 확인하고 싶으면 자신의 깊은 내면의 길을 열면 되는 것을 까맣게 잊고 남들과 존재 경쟁을 하면서 인생이 고통의 바다가 되고 말았다.

지금까지 해오듯이 존재 경쟁에서 이겨 남들보다 특별하고 우월한 존재라는 존재감을 확인하려고 인생길을 전쟁터로 만들지 않아야 고통의 바다를 벗어날 수 있다. 더더욱 자신의 깊은 내면의 길을 열어 내면의 바탕에 있는 무한성에 이름으로써 무한 존재감을 채울 수 있다면 온전하고 참다운 인생길이 될 것이다.

행
복

행복에 이르는 길은 두 갈래이다. 하나는 생각을 통해서 이르는 길이고, 다른 하나는 느낌을 통해서 이르는 길이다. 다시 말해 세상에 나온 수많은 행복지침서들이 일러주고 있듯이 행복해지려면 '작은 것에 만족하라', '긍정적으로 생각하라'는 식으로 생각을 통해서 행복을 찾는 하나의 길이 있다. 그리고 자신의 욕구가 충족되었을 때의 느낌을 통해서 행복을 찾는 다른 하나의 길이 있다.

생각을 통해서 찾는 행복은 상상의 차원이고, 느낌을 통해서 찾는 행복은 실제의 차원이다. 상상이든 실제이든 행복에 이르기만 하면 될 것 같지만 생각을 통해서 상상 차원으로 가면 실제 행복과 거리가 멀어지는 문제가 생긴다. 뇌신경과학자들이

인생길 새롭게 열다

"뇌는 상상과 실제를 구별하지 못한다'고 하는 말에서 알 수 있듯이 뇌는 생각으로 상상의 차원에서 찾은 행복과 실제의 차원에서 느낌으로 찾은 행복을 구별하지 못하고 똑같이 반응한다. 마치 레몬을 생각하고 상상하면 뇌는 실제로 레몬을 마주한 것처럼 반응해 입에 침이 고이듯이 말이다. 그래서 생각을 바꾸기만 해도 행복해진다는 말을 사람들이 많이 한다.

하지만 엄밀하게 헤아려보면 생각으로 상상의 차원에서 행복을 찾는 길은 뇌를 속이는 일이나 다름없다. 예컨대 작은 것에 만족하려는 생각처럼 긍정적으로 생각하는 일은 상상으로 뇌를 실제처럼 반응하게 하는 속임수라고 할 수 있다. 실제의 느낌은 없는데 생각으로 상상해 실제처럼 느끼게 하는 행복은 착각이다. 실제로 행복하다는 느낌은 없는데 생각으로 행복하다는 착각을 하게 만든다. 혹여 사람들은 착각이라도 좋으니 행복하기만 하면 되지 않겠냐고 반문할 수도 있지만, 착각을 많이 할수록 실제 차원의 행복은 점점 멀어지고 만다.

실제의 행복은 생각이 아니라 느낌을 통해서만 이를 수 있다. 실제로 행복하다는 느낌은 자신의 욕구가 충족될 때에만 가능하다. 이를테면 먹는 욕구나 잠자는 욕구가 충족되거나 권력욕, 소유욕 또는 자아성취욕 따위가 충족될 때의 느낌에서 행복한 상태를 경험하게 된다. 결국 사람의 근본 욕구는 생존

욕구와 존재욕구 두 가지 이므로, 사람은 생존욕구와 존재욕구가 충족될 때의 느낌을 통해서 행복에 이를 수 있다.

생명을 유지하는 생존욕구는 유한성 차원이고 늘 있으려고 하는 존재욕구는 무한성 차원이다. 따라서 느낌을 통해서 이를 수 있는 행복의 길은 유한성 차원과 무한성 차원이 맞물려 있다. 사람은 생존욕구의 충족으로 유한한 행복에 이를 수 있고, 존재욕구의 충족으로 무한한 행복에 이를 수 있게 된다.

사람이 경험하는 행복은 유한성 차원의 행복과 무한성 차원의 행복이 있다. 유한성 차원의 행복은 불행과 맞물려 있는 상대적인 행복이다. 무한성 차원의 행복은 행복과 불행이 하나가 된 절대적인 행복이다. 유한성 차원은 행복과 불행이 양극으로 맞물려 순환한다. 행복이 있으면 반드시 불행이 있게 되고, 불행이 없다면 행복도 없게 된다. 반면에 무한성 차원은 행복과 불행이 통합되어 하나가 된다. 행복과 불행이 갈라선 양극성 차원을 넘은 통일성 차원의 행복이다.

행복이란 이어지고 하나됨의 상태이다. 욕구의 충족은 자신과 욕구의 대상이 이어지고 하나됨을 통해서 이루어진다. 행복은 욕구의 충족을 통해서 자신과 욕구의 대상이 이어지고 하나가 된 상태이다. 욕구가 충족되어 더 바랄 것이 없고, 자신과 대상의 구분도 없는 상태가 곧 행복이다.

유한성 차원의 행복은 잠시 이어지고 하나됨의 상태이고, 무한성 차원의 행복은 지속적으로 이어지고 하나됨의 상태이다. 자신의 외부에서 생존욕구가 충족될 때의 행복은 잠시 이어지고 하나됨의 상태이고, 자신의 내면에서 존재욕구가 충족될 때의 행복은 지속적으로 이어지고 하나됨의 상태이다. 생존욕구의 충족은 개체의 차원이라 유한한 행복이고, 존재욕구의 충족은 전체의 차원이라 무한한 행복이다.

　실제의 행복에 이르려면 상상 차원의 생각을 통해서가 아니라 실제 차원의 느낌을 통해서 길을 찾아야 한다. 실제 차원의 느낌은 사람의 근본 욕구인 생존욕구와 존재욕구의 충족을 통해서 이루어질 수 있다. 유한한 행복에 그치지 않고 무한한 행복에 이르고 싶다면 자신의 내면에서 전체와 하나되는 존재욕구를 충족시키면 된다. 자신의 외부에서 생존욕구를 충족하고 자신의 내면에서 존재욕구를 충족할 수 있을 때 진정으로 지속적인 행복의 상태에 이를 수 있다.

사
랑

사랑은 하나됨이다. 나와 남, 주체와 대상이 하나됨을 사랑이라고 한다. 나와 남이 하나가 되려면 나와 남이 맞물려 균형을 이루어야 한다. 다시 말해 나하고 남이 똑같은 비중이 되어 나와 남의 경계와 구분이 사라져 너나없이 하나가 되는 것이 사랑이다.

사랑은 생존 차원의 사랑이 있고, 존재 차원의 사랑이 있다. 생명을 유지하는 생존 차원의 사랑은 새생명으로 생명을 이어가는 번식을 위해 남성과 여성이 융합되어 하나가 되는 것이고, 늘 있으려는 존재 차원의 사랑은 개체가 전체와 통합되어 하나가 되는 것이다.

흔히 사랑이라는 말은 남이나 대상을 몹시 아끼고 귀중하게 여기거나, 그리워하고 좋아하는 것을 가리킨다. 생존의 차원에서 번식을 위해 남성과 여성이 융합되어 하나가 되는 과정에서 서로 그리워하고 좋아하며 아끼고 귀중하게 여기는 경험을 하게 되고, 사람들은 그것을 사랑이라고 부른다.

한편, 기독교의 '이웃 사랑, 하나님 사랑'이나 불교의 '자비', 공자의 인은 생존 차원에서 남성과 여성이 하나가 되어 서로 아끼고 귀중하게 여기는 사랑의 수준을 넘어 존재 차원에서 개체가 전체와 하나가 되는 사랑의 수준을 말하고 있다. 존재 차원의 사랑은 자신의 내면에서 개체의식과 전체의식이 통합되어 하나가 되는 것이므로 기도와 수행과 수양을 통해 이루어질 수 있다.

사랑의 핵심은 하나됨이다. 그런데 사람들은 서로 아끼고 귀중하게 여기는 정도를 사랑의 크기로 계산하며 서로 비교하고 우열을 가린다. 나와 남의 경계와 구분이 사라져 하나가 되는 황홀한 경지를 놓치고 자신의 존재가 상대에게 얼마나 아낌을 받고 귀중한지를 가지고 존재감을 확인하는데 신경을 쓴다.

사랑은 너와 나의 경계 구분이 사라져 온전하게 열린 상태이다. 옛 성인들은 온전하게 열린 상태에서 모두를 받아들일 수 있는 사랑을 실천하였다. 하지만 대부분 사람들은 사랑으로 잠시 열린 상태를 지나쳐버리고 서로 상대가 자신의 존재를 얼마나 아끼고 귀중하게 여기는지에 신경을 쓰면서 닫힌 상태에 머문다. 서로 하나가 되어 열린 상태는 사랑이고, 서로 닫힌 상태로 갈라서면 미움이 된다.

이와 같이 개체 차원의 사랑은 미움과 양극으로 갈라선 상대적 사랑이고, 전체 차원의 사랑은 사랑과 미움이 통합되어 하나된 절대적 사랑이다. 상대적 사랑은 사랑하는 만큼 반대쪽으로 미움이 생겨나고, 미움이 없으면 사랑도 없게 된다. 절대적 사랑은 사랑과 미움의 경계 구분이 사라져 오로지 하나됨의 상태가 된다.

사랑은 사람을 사람답게 만드는 장치이다. 사람이 사람다우려면 사람에게 주어진 동물성과 신성이 맞물려 균형을 이루어야 한다. 사람의 동물성은 개체 차원이고 신성은 전체 차원이다. 사람은 개체로 갈라선 차원에서 사랑을 통해 전체와 하나된 차원을 열어 개체의 동물성과 전체의 신성이 맞물려 균형을 이룰 때 온전한 사람이 된다. 사람은 사랑을 통해 전체 차원의 신성을 회복하며 온전하게 거듭나도록 되어 있다.

하지만 대부분 사람들은 온전하게 거듭나는 삶의 길을 가지 못한다. 왜냐하면 사랑을 통해 전체와 하나됨으로 가지 않고 사랑이라는 이름으로 개체의 소유욕을 채우는 쪽으로 가기 때문이다. 흔히 사람들이 사랑하고 싶다거나 사랑 받고 싶다고 하는 말은 곧 소유하고 싶다는 뜻이다. 사랑하고 싶은 사람이나 대상을 내 것으로 소유하고 싶고, 누군가에게 사랑 받고 싶은 그 누군가를 내 것으로 소유하고 싶다는 말이다.

흔히 사람들은 소유를 통해 자신의 존재 가치와 존재감을 드러내고 확인한다. 소유를 통해 자신의 존재 가치와 존재감을 드러내고 확인하려면 남의 존재를 밟고 올라서야 한다. 그래서 남들보다 더 소유하고 확실하게 독점하려고 경쟁을 하고 싸움을 한다. 결국 사랑은 세상을 너와 나의 경계가 없는 열린 상태가 아니라 꽉 닫힌 상태에서 자신의 존재가 확실하게 드러날 수 있을 만큼 소유하기 위한 싸움판으로 만든다.

사람에게 사랑의 의미와 가치는 하나됨에 있다. 생존 차원의 사랑은 번식을 위해 남성과 여성이 융합되어 하나됨에 의미와 가치가 있고, 존재 차원의 사랑은 개체가 전체와 통합되어 하나됨에 의미와 가치가 있다. 생존 차원의 사랑을 통해 하나됨을 경험하면서 하나됨의 의미와 가치를 깨닫고 존재 차원에서 전체와 하나됨을 향해 가는 것이 사람이 사람답게 사는 길이다. 사랑이라는 이름으로 소유하려고 하지 말고, 사랑으로 너와 나의 경계가 사라져 하나가 되는 열린 상태에서 온전한 사람으로 거듭나는 삶의 길을 가야 진정한 사랑의 의미와 가치가 살아나게 된다.

죽음

죽음은 삶의 마침표이다. 마침표를 찍어야 글이나 문장이 마무리되듯이 삶도 죽음으로 마침표를 찍어야 마무리된다. 삶은 시작과 끝이 맞물려 한 단위를 이룬다. 삶은 어미의 뱃속에 잉태되면서 시작되어 마지막에 죽음으로 끝이 난다. 이렇게 죽음은 삶의 반대가 아니라 삶의 부분이다. 죽음의 문제는 곧 삶의 문제인 것이다.

'인간에게는 세 개의 사건밖에 없다'는 말이 있다. '태어나는 일, 사는 일, 죽는 일이 그것이다'라는 것이다. 인간은 물론 모든 생명체는 태어나서 살다가 죽는다. 태어난 것은 반드시 죽게 되어 있다. 세상은 시작과 끝이 맞물려 돌아가기 때문이다. 시작이 있어 끝이 있고, 끝이 있어 시작이 있으며 시작이 없으

면 끝도 없고 끝이 없으면 시작도 없게 되는 것이 세상의 이치
이다. 세상의 이치대로 잉태되어 태어남으로 시작되면 반드시
죽음으로 끝이 나게 되어 있다.

한편, 세상의 이치대로라면 끝은 또 시작과 맞물리게 되어
있으므로 죽음은 그냥 끝이 아니라 새로운 시작이 맞물려 있는
끝이다. 죽는 일은 그냥 죽고 끝나는 것이 아니라 또 다른 시작
을 위한 일이다. 결국 삶을 어떻게 살 것인가의 문제는 죽음 뒤
에 맞물린 새로운 시작의 문제와 이어져 있다.

본래 생명이 태어나고 살고 죽는 일은 스스로 어쩔 수가 없
는 일이다. 생명체는 태어나게 되어 있고, 살게 되어 있고, 죽
게 되어 있다. 태어나고 싶어서 태어나는 것도 아니고, 살고 싶
어서 사는 것도 아니고, 죽고 싶어서 죽는 것도 아니다. 태어나
야 하니까 태어난 것이고, 살아야 하니까 사는 것이고, 죽어야
하니까 죽는 것이다.

이와 같이 태어나서 살다 죽는 일이 의무처럼 해야 하니까
하는 일인데 사람들이 사는 일과 죽는 일에 신경을 쓰고 고민
을 하는 까닭은 무엇일까? 바로 사람은 해야 하는 '의무'와 함
께 하고 싶은 '자유'가 주어졌기 때문이다. 사람 이외의 다른 생
명체들은 해야 하는 의무만 있는데, 사람에게는 하고 싶은 자
유가 맞물려 있다. 그래서 사람이 태어나는 일은 다른 생명체

들처럼 의무이지만 사는 일과 죽는 일은 의무와 자유가 함께 있다. 다시 말해 사람은 태어나야 하니까 태어나지만 살아야 하니까 살고 죽어야 하니까 죽는 의무와 함께 살고 싶어 사는 자유와 죽고 싶어 죽는 자유가 주어졌다.

사람은 어떻게 태어나고 싶은지는 마음대로 알아서 할 수 없지만 어떻게 살고 싶은지, 어떻게 죽고 싶은지는 마음대로 알아서 할 수 있다. 물론 사람은 살고 싶지 않아도 살아야 하니까 살고, 죽고 싶지 않아도 죽어야 하니까 죽는 의무도 있다. 그래서 사람은 살아야 하니까 사는 의무와 살고 싶어서 사는 자유가 맞물리고, 죽어야 하니까 죽는 의무와 죽고 싶어서 죽는 자유가 맞물려 균형을 이룰 때 사람다운 삶의 길을 갈 수 있다.

생명체계는 맞물림의 원리로 생명을 유지한다. 무한한 전체 생명체계가 유지되려면 유한한 개체 생명이 태어나고 살고 죽어서 전체와 개체, 무한성과 유한성이 맞물려야 한다. 유한한 개체 생명이 태어나야 하고 살아야 하고 죽어야 하는 이유는 무한한 전체 생명체계가 유지되기 위해서이다. 유한한 개체와 무한한 전체가 함께 맞물려야 유한한 개체도 무한한 전체도 있을 수 있기 때문이다. 다시 말해 유한한 개체가 있어 무한한 전체가 있고 무한한 전체가 있어 유한한 개체가 있으며, 유한한 개체가 없으면 무한한 전체도 없고 무한한 전체가 없으면 유한한 개체도 없기 때문이다.

사람에게 태어나야 하고 살아야 하고 죽어야 하는 의무가 주어진 이유도 무한한 전체 생명체계가 유지되기 위해서이다. 그리고 사람에게 의무와 함께 살고 싶은 자유와 죽고 싶은 자유가 주어진 이유도 마찬가지로 무한한 전체 생명체계를 위해서이다. 사람은 개체 차원의 동물성과 전체 차원의 신성이 맞물려 있기 때문에 동물성의 차원에서 개체의 의무가 있으면서 신성의 차원에서 전체의 자유가 있다. 사람에게 주어진 살고 싶은 자유와 죽고 싶은 자유는 동물성 차원의 개체를 위한 것이 아니라 신성 차원의 전체를 위한 것이다.

물론 사람은 자유가 주어졌으니 어떻게 살고 싶고 죽고 싶은지를 마음대로 알아서 할 수 있지만 개체를 위해 살고 싶은 대로 살고 죽고 싶은 대로 죽으면 사람에게 주어진 전체를 위해 살고 죽는 부분을 하지 못함으로써 사람답게 삶을 마무리할 수 없게 된다.

삶은 죽음으로 끝나는 것이 아니라 죽음의 끝 뒤에 맞물리는 새로운 시작과 이어진다. 죽음 뒤의 새로운 시작은 두 갈래이다. 하나는 개체 차원의 길이고, 다른 하나는 전체 차원의 길이다. 불교의 윤회 사상을 빌어 말하자면 개체 차원의 길은 개체가 죽은 뒤에 다시 다른 개체로 태어나 윤회하는 길이고, 전체 차원의 길은 윤회의 고리를 끊고 벗어나는 길이라고 할 수 있다. 흔한 말로 하면 개체 차원은 지옥이고 전체 차원은 천국이라고 할 수도 있다.

사람다운 삶의 길은 죽은 뒤에 전체 차원의 길로 새로운 시작을 하는 것이다. 그러기 위해서는 태어나 살다 죽는 과정에서 사람에게 주어진 전체 차원의 신성이 회복되어야 한다. 사람은 개체 차원의 동물성에 머무르지 않고 자신의 내면에서 전체 차원의 신성을 회복하기 위해 사는 일과 죽는 일을 해야 한다.

사람은 태어나야 하고 살아야 하고 죽어야 하는 의무에만 머무르거나 살고 싶은 자유와 죽고 싶은 자유를 개체를 위해 써 버리면 개체 차원의 길로 윤회하게 될 것이고, 살고 싶은 자유와 죽고 싶은 자유를 통해 신성 차원을 회복하면 전체 차원의 길로 새로운 시작을 하게 될 것이다.

chapter 3

맞물림을 보라
맞물리게 하라

세상과 삶

세상이 어지러운 것은
사람들이 한쪽으로 기울어지고 치우치기 때문이다
삶이 힘든 것은
사람들이 한쪽으로 기울어지고 치우치기 때문이다

사람들이 한쪽으로 기울어지고 치우치는 것은
삶의 방식이 한쪽으로
기울어지고 치우치기 때문이다
삶의 방식이 한쪽으로 기울어지고 치우치는 것은
사고 방식이 한쪽으로
기울어지고 치우치기 때문이다
사고 방식이 한쪽으로 기울어지고 치우치는 것은
세상을 이분법으로 나누고
한쪽을 배제하기 때문이다

익숙한 이분법의

배제적 사고 방식을 벗어나지 않으면

어지러운 세상과 힘든 삶을 벗어날 수 없다

새로운 합일법의

포함적 사고 방식으로 세상과 삶을 품으면

새로운 차원의 세상과 삶이 열린다

어지럽고 힘든 세상과 삶을 넘어

새로운 차원의 세상과 삶을 열고 싶으면

새로운 합일법의 포함적 사고 방식으로

삶의 방식을 바꾸어야 한다

새로운 합일법의 포함적 사고 방식으로

삶의 방식을 바꾸려면

일이관지의 맞물림 원리로 모두 꿰면 된다

맞물림을 보라

무엇이든 짝으로 맞물려 있다

짝은 서로 다른 반쪽이고 양극이다

무엇이든 서로 다른 반쪽이 맞물림을 보라

부분 차원에서 순차적으로 맞물림을 보라

전체 차원에서 동시적으로 맞물림을 보라

한 짝만 보지 말고 반대 짝까지 양짝을 보고

한 쪽만 보지 말고 반대 쪽까지 양쪽을 보고

한 극만 보지 말고 반대 극까지 양극을 보고

순차적으로 그리고 동시적으로 보라

순차적이고 동시적으로 맞물림을 보면

있는 그대로가 보인다

있는 그대로 보는 것은 빠짐없이 온전하게 봄이다

온전하게 볼 수 있어야 온전하게 살 수 있다

맞물림으로 온전하게 있는 그대로 보라

있는 그대로 온전하게 지금 여기를 보라

있는 그대로 지금 여기는

과거와 미래가 맞물려 있고

있는 그대로 지금 여기는

하늘과 땅이 맞물려 있고

있는 그대로 지금 여기는

자연과 문명이 맞물려 있고

있는 그대로 지금 여기는

밝음과 어둠이 맞물려 있고

있는 그대로 지금 여기는

저차원과 고차원이 맞물려 있다

있는 그대로 지금 여기를 온전하게 보고

있는 그대로 지금 여기에 온전하게 살자

*

맞물림을 보면 세상이 보이고, 지혜가 보이고, 진리가 보인다.

부분 차원에서는 순차적으로 맞물리고, 전체 차원에서는 동
시적으로 맞물린다. 순차적으로 부분만 보지 말고 동시적으로

인생길 새롭게 열다

전체도 보아야 한다.

하루는 낮과 밤이 짝으로 맞물려 있다. 낮이 지나면 밤이 되고 밤이 지나면 낮이 되며 밤과 낮이 순차적으로 맞물린다.

지구 한 쪽이 낮이면 반대 쪽은 밤이다. 이렇게 지구의 한 부분은 낮과 밤이 순차적으로 맞물리고, 지구 전체는 낮과 밤이 동시적으로 맞물린다.

걸음을 걸을 때 양팔과 양다리가 서로 엇갈려 맞물리며 움직인다. 왼팔이 앞으로 나가면 오른팔은 뒤로 가고, 왼팔이 뒤로 가면 오른팔은 앞으로 가며 순차적으로 맞물린다. 몸 전체에서 보면 앞으로 나가는 팔의 움직임과 뒤로 가는 팔의 움직임이 동시적으로 맞물린다.

삶길

삶길은 외길이 아니라 쌍길이다
삶길은 생존의 길과 존재의 길이 맞물려 있다

생존의 길은 개체로서 생명을 유지하는 길이고
존재의 길은 전체로서 늘 하나되어 있는 길이다

생존의 길은 표층 차원이고
존재의 길은 심층 차원이다
생존의 길은 외부로 이어지고
존재의 길은 내면으로 이어진다

생존의 길은 구속이고 존재의 길은 해방이다
생존의 길은 끝이 있는 길이고
존재의 길은 끝이 없는 길이다

인생길 새롭게 열다

생존의 길은 동물성의 길이고
존재의 길은 신성의 길이다
인간의 삶길은
생존의 동물성과 존재의 신성이 맞물린 길이다

＊

　사람답게 사는 길은 외길이 아니라 맞물린 쌍길을 가는 것이다. 사람에게 부여된 동물성을 따라 생존의 길을 가며, 함께 맞물려 부여된 신성을 따라 존재의 길을 동시에 가는 것이다.

　생존의 길은 존재의 길을 열기 위해 맞물린 길이고, 인간의 삶길은 생존의 길을 통해 존재의 길을 열어, 마침내 신성의 차원에 이르는 길이다.

　인간의 동물성 차원은 표층의 분리 차원이고, 신성 차원은 심층의 통합 차원이다. 동물성은 개체 차원이고 신성은 전체 차원이니, 인간의 삶길은 개체의 분리 차원에서 전체의 통합 차원에 이르는 길이다.

　인간이 분리된 개체의 동물성 차원에서 통합된 전체의 신성 차원에 이르는 삶길은 몸의 길이고 마음의 길이며 정신의 길이다. 몸의 길이 열리고 마음의 길이 열리면서 정신의 길이 함께 열릴 때 인간은 통합된 전체의 신성 차원에 이를 수 있다.

몸과 마음과 정신의 길을 여는 방법이 맞물림 균형이다. 몸과 마음과 정신의 양극이 맞물려 균형을 이루게 하면 통합된 전체의 신성 차원이 열린다.

인생길 새롭게 열다

끊어짐과 이어짐

세상은 끊어짐과 이어짐의 맞물림이다

끊어짐은 불안이고 이어짐은 안정이다

인간과 삶의 모든 문제는 끊어짐의 불안에서 온다

생명이 죽음으로 끊어짐이 불안이고

존재가 무시되어 끊어짐이 불안이다

돈이 이어지지 않고 끊어짐도 불안이고

사랑이 이어지지 않고 끊어짐도 불안이고

명예가 이어지지 않고 끊어짐도 불안이고

지식이 이어지지 않고 끊어짐도 불안이고

직장이 이어지지 않고 끊어짐도 불안이고

관계가 이어지지 않고 끊어짐도 불안이고

끊어짐의 불안에서 벗어나기 위해

끊임없이 이어짐을 이어가려고 애를 쓴다

이어가려고 애를 쓰는 것이 삶의 전부이다

유한한 세상에는

어느 것도 끊임없이 이어지지 않는다

무한한 차원에는

끊임없이 이어지는 이어짐이 있다

끊임없이 이어짐은 외부에 없고 내면에 있다

'나'의 외부에는 끊임없이 이어짐이 없고

'나'의 내면에는 끊임없이 이어짐이 있다

이어짐이 끊어지는 '나'의 밖에서 머물지 말고

이어짐이 끊임없는 '나'의 안으로 흘러 가자

*

인간이 삶을 살면서 부딪치는 모든 문제의 근원에는 끊어짐의 불안이 있다. 개체 생명은 반드시 죽음으로 끊어짐이 있어 생존의 불안이 있고, 존재감이 무시되어 이어지지 않고 끊어지

인생길 새롭게 열다

면 불안이 된다. 생존을 이어가기 위해서 일을 하고, 존재를 이어가기 위해서 공을 들이는 것이 삶의 모습이다.

인간 관계의 소통도 이어지지 않고 끊어지면 불안이다. 흔히 익숙함이 이어지지 않고 끊어짐도 불안이다. 익숙한 습관을 바꾸기가 어려운 것도 끊어짐의 불안 때문이다.

모든 변화는 끊어짐이고, 변화 자체는 끊임없이 이어진다. 변화로 끊어짐은 불안을 주고, 사람들은 무엇이든 이어지게 해서 이어짐으로 안정을 얻으려고 한다. 사람들이 무엇이든 이어지도록 하려고, 붙잡고 놓지 않으려는 욕구가 집착이다.

끊임없이 이어지는 영원함은 나의 내면 심층에 있다. 나의 밖에서 영원을 찾지 말아야 한다. 영원함은 나의 안에 있다. 내면 심층 차원에 있는 끊임없는 영원 불멸의 이어짐을 되찾는 길이 수행의 길이고 곧 진정한 삶의 길이다.

나

나는 몸과 마음과 정신이다

몸은 감각이 있고 행동을 하고

마음은 감정이 있고 생각을 하고

정신은 에너지가 있고 의식을 한다

나는 육(肉)과 영(靈)이 맞물려 있다

육은 표층의 유한 차원이고

영은 심층의 무한 차원이다

영이 유한 차원의 육에 갇혀

무한 차원을 잃으면 반쪽이다

육에 갇힌 영이

무한 차원을 회복하는 과정이 삶길이다

나는 상대 차원과 절대 차원이 맞물려 있다

인생길 새롭게 열다

상대 차원의 나는 '나'와 '나 아닌 것'이 나뉘고

절대 차원의 나는 '나'와 '나' 아닌 것이 하나다

상대 차원의 나는 '나 아닌 것'과 따로 반쪽이고

절대 차원의 나는 '나 아닌 것'과 함께 온전하다

나는 '나' 있음과 '나' 없음이 맞물려 있다

'나' 있음은 나와 남의 경계 구분 있는 자아이고

'나' 없음은 나와 남의 경계 구분 없는 무아이다

나는 잘난 나와 못난 나가 맞물려 있다

잘난 나만 있고 못난 나가 없으면 반쪽이고

잘난 나도 있고 못난 나도 있으면 온전하다

*

'나'는 '나' 아닌 것과 맞물려 있다. '나'가 있어 '나' 아닌 것도 있고, '나' 아닌 것이 있어 '나'도 있다. '나'가 없으면 '나' 아닌 것도 없고, '나' 아닌 것이 없으면 '나'도 없다.

'나' 아닌 것들 그 어떤 것도 없애지 말고 품어야 한다. '나'가 '나' 아닌 것을 모두 품어야 온전함에 이를 수 있다.

'나' 있음은 나와 남의 경계 구분 있음이고, '나' 없음은 나와 남의 경계 구분 없음이다. 나와 남의 경계 구분 있음으로 '나' 있음이 자아이고, 나와 남의 경계 구분 없음으로 '나' 없음이 무아이다.

자아와 무아가 맞물리지 않으면 자아도 없어지고 무아도 없어진다. 자아만 있어도 반쪽이고 무아만 있어도 반쪽이다. '나' 있음의 자아와 '나' 없음의 무아가 맞물려야 온전하다.

나는 잘난 나와 못난 나가 맞물려 있다. 잘난 나를 드러내고 못난 나를 감추기가 지나치면 허세이고, 잘난 나와 못난 나를 있는 그대로 드러내면 실세이다.

허세는 잘난 나만 있고 못난 나를 없애니 반쪽이고, 실세는 잘난 나도 있고 못난 나도 있으니 온전하다.

허세의 힘은 반쪽만 움직여 불안하고, 실세의 힘은 온전하게 움직여 안정된다

삶이 편하려면

편함은 힘듦과 맞물려 있다

힘듦은 편하지 않고 몸과 마음이 괴로움이다

편함은 힘들지 않고 몸과 마음이 괴롭지 않음이다

힘들면 편함이 맞물리고 편하면 힘듦이 맞물린다

힘들지 않고 편할 수 없고 편하려면 힘들어야 한다

삶이 편하려면 먼저 힘들어야 한다

먼저 편하면 나중에 힘들고

먼저 힘들어야 나중에 편하다

힘든 것이 기다리는 편함은 편함이 아니고

편한 것이 기다리는 힘듦은 힘듦이 아니다

힘든 것과 편한 것이 맞물리게 하라

힘든 것을 피하고 편한 것만 찾으려고 하지 마라

힘든 것을 마주해야 편함도 있게 된다

힘든 것을 피하면 편함도 없게 된다

힘든 만큼 편해지고 편한 만큼 힘들어진다

편하다가 힘들면 힘든 맛이 더해지고

힘들다가 편하면 편한 맛이 더해진다

*

삶이 편하려면 삶이 힘듦을 마주해야 한다. 삶은 원래 힘든 것이다. 그래서 누구나 삶이 편하기를 원한다.

원래 힘들기 때문에 편함을 원하는 것이다. 원래 삶이 힘들지 않은 것이라면 편함을 꿈도 꾸지 않을 것이다. 삶이 힘든 것을 피하면 삶이 편해지지 않는다.

힘들다는 것은 문제를 피하고 있기 때문이다. 힘이 들 수밖에 없는 삶을 힘들이지 않고 가려 하면 힘든 게 크게 느껴진다. 그러나 삶이 당연히 힘들 수밖에 없음을 인정하면 힘든 게 크게 느껴지지 않는다.

힘듦은 편함과 맞물려 있어서 힘들어야 편할 수 있다. 힘들

인생길 새롭게 열다

이지 않고는 편함을 얻을 수 없는 것이 세상의 이치다. 힘듦을
피하지 않는 것이 힘들지 않게 사는 길이다.

삶길의 길동무

삶길은 혼자 가기 위해 같이 가는 길이다
같이 가는 길은 생존의 길이고
혼자 가는 길은 존재의 길이다

같이 가며 상대적으로 유한한 나를 찾아가고
혼자 가며 절대적으로 무한한 나를 찾아간다

삶길의 길동무는 혼자 가기 위해 같이 가는 거울이다
길동무는 같이 가는 생존의 길을 비춰보는 거울이고
길동무는 혼자 가는 존재의 길을 비춰보는 거울이다

*

삶길은 되돌아 나올 수 없는 길이다. 그래서 미리 갈 길을 잘

인생길 새롭게 열다

살펴 가야 한다. 어디에 도달하기 위해 가는 삶길인지 명료하지 않으면 이 길에서 저 길로 넘나들며 헤맬 수밖에 없다.

삶길의 길동무는 어디에 도달하기 위해 가는지 명료해야 같이 갈 수 있다. 삶길의 도달점이 같지 않으면 같이 길동무하며 계속 같이 갈 이유도 필요도 없다.

또한 삶길의 길동무는 길을 가는 방식이 같아야 한다. 도달점이 같다고 해도 도달점을 향해 가는 방식이 다르면 같이 갈 수가 없다. 가는 방식이 다르면 길이 달라질 수 있기 때문이다. 가는 방식에 따라 지름길과 멀리 돌아가는 길로 갈라질 수 있다.

삶길은 어차피 혼자 가는 길이다. 서양의 한 문학가가 말했다. "둘이서, 아니면 셋이서 갈 수도 있다. 그러나 마지막 한 걸음은 혼자서 가야 한다. 그것이 인생이다."

삶길은 혼자 잘 가기 위해서 같이 가는 길이다. 같이 잘 가기 위해서가 아니라 혼자 잘 가기 위해서 같이 가는 것이다. 삶길은 생존의 길을 같이 잘 갈 수 있어야 존재의 길을 혼자 잘 갈 수 있게 된다.

생존이 우선이다

사람은 생존하고 존재한다

생존하기는 살아 있음이고 존재하기는 늘 있음이다

생존하는 살아 있음과 존재하는 늘 있음은 맞물린다

생존하기가 있어 존재하기가 있고

생존하기가 없으면 존재하기도 없다

삶에서 생존이 우선이고 존재는 궁극이다

살아 있음은 죽어 없음으로 끝이 나고

늘 있음은 영원히 있음으로 끝이 없다

생존은 끝이 있고 존재는 끝이 없다

끝이 있음은 끝이 없음과 맞물려 있다

끝이 있으므로 우선이고 끝이 없으므로 궁극이다

삶에서 살아 있음으로 끝이 있는 생존이 우선이고

삶에서 늘 있음으로 끝이 없는 존재가 궁극이다

*

‘생존生存’은 ‘살 생生’과 ‘있을 존存’이니, 즉 살아 있음이고, ‘존재存在’는 ‘있을 존存’과 ‘있을 재在’이니, 즉 있고 있어 늘 있음이다.

살아 있음은 유한하고, 늘 있음은 무한하다. 유한한 생존은 끝이 있고, 무한한 존재는 끝이 없다.

유한은 부분 차원이고 무한은 전체 차원이다. 끝이 있음은 부분 차원이고 끝이 없음은 전체 차원이다. 전체는 부분의 바탕이 되고 부분은 전체를 위해 있다.

전체가 있어 부분이 생겨나고 부분이 있어 전체가 유지된다. 늘 있음의 전체가 유지되려면 살아 있음의 부분이 있어야 한다. 늘 있음의 존재가 유지되려면 살아 있음의 생존이 있어야 한다.

부분을 통해 전체에 이를 수 있고, 끝을 통해 끝 없음에 이를 수 있다. 살아 있음의 생존을 통해 늘 있음의 존재에 이를 수 있다.

온쪽 계산법

세상살이를 잘 하고
삶을 잘 살아가려면
계산을 잘 해야 된다

계산을 잘 한다함은
한쪽만이 아니라 반대쪽도 빠뜨리지 않고
온전하게 계산하는 것이다

반쪽이 계산되고 함께 다른 반쪽이 계산되어
맞물림 균형이 이루지면
온쪽 계산으로 계산 착오가 없어진다

계산에 착오가 없도록
반쪽이 아니라 온쪽으로

인생길 새롭게 열다

온전한 계산이 이루어져야

제대로 온전하게

세상살이를 잘 할 수 있고

삶을 잘 살 수 있게 된다

*

세상은 양자택일, 흑백논리와 같은 반쪽 계산에 너무 익숙해져 온전한 계산 방식을 까맣게 잊고 있다.

온전하려면 깨어나야 한다. 익숙한 반쪽 계산 방식에 머무르지 말고, 온쪽 계산 방식을 배우고 익혀야 한다.

마음먹은 대로 하면 된다는 인위적인 계산 방식에 머무르지 말고, 스스로 그러한 천지자연의 계산 방식을 배우고 익혀 반쪽이 아니라 온쪽으로 온전하게 계산해야 한다.

조직이나 사회를 지배하는 통념적인 세간의 계산 방식에 머무르지 말고, 조직이나 사회를 넘어서는 비통념적인 출세간의 계산 방식을 배우고 익혀 반쪽이 아니라 온쪽으로 온전하게 계산해야 한다.

제한적이고 주관적인 자각의식의 계산 방식에 머무르지 말고, 무한하고 객관적인 무의식의 계산 방식을 배우고 익혀 반쪽이 아니라 온쪽으로 온전하게 계산해야 한다.

오감에 의해 생각이 양극으로 벌어지는 두 마음의 이원적인 계산 방식에 머무르지 말고, 직감에 의해 생각이 하나로 통일되는 한마음의 일원적인 계산 방식을 배우고 익혀 반쪽이 아니라 온쪽으로 온전하게 계산해야 한다.

얻는 게 있다

어떤 것이든 반드시 얻는 게 있다

어떤 일이든 반드시 얻는 게 있다

얻는 게 없이 어떤 것도 있을 수 없고

얻는 게 없이 어떤 일도 있을 수 없다

과거에는 얻은 게 있고

현재에는 얻는 게 있고

미래에는 얻을 게 있다

감사함은 얻은 것이 있음이요

긍정함은 얻는 것이 있음이요

목적함은 얻을 것이 있음이다

얻음은 잃음과 맞물려 있다

얻기 위해 잃고 잃기 위해 얻는다
얻는 것은 남게 되고 잃는 것은 사라지니
마지막은 얻는 것이다

*

잃는 것만 계산하지 말고 얻는 것도 계산해야 한다. 과거에 잃은 것만 계산하지 말고 잃은 것을 통해 얻은 것을 계산해야 한다.

현재에 잃는 것만 계산하지 말고 잃는 것을 통해 얻는 것을 계산해야 한다. 미래에 잃을 것만 계산하지 말고 잃을 것을 통해 얻을 것을 계산해야 한다.

무엇인가를 얻기 위해서는 무엇이든 잃어야 하는 것이니, 잃는 것이 싫거나 두려우면 얻을 수 없다. 얻기 위해 잃는 것이니 기꺼이 잃을 수 있어야 얻는다.

잃는 것은 사라져 없어지고 얻는 것만 남게 되니 결국 얻는 것이 궁극의 목적이고 마지막은 얻는 것이다. 이것이 진정한 긍정이다. 진정한 긍정의 방법은 얻는 것을 마지막으로 계산하는 것이다.

인생길 새롭게 열다

이게 어디야

무엇이든 얻음과 잃음이 맞물려 있다
얻음 만큼 잃고 잃음 만큼 얻는다

얻음은 기쁨이고 잃음은 슬픔이다
기쁨 만큼 슬프고 슬픈 만큼 기쁘다
얻음은 뿌듯함이고 잃음은 아쉬움이다
뿌듯함 만큼 아쉽고 아쉬움 만큼 뿌듯하다

잃음이 있는 만큼 얻음의 맛이 더해진다
슬픔이 있는 만큼 기쁨의 맛이 더해지고
아쉬움이 있는 만큼 뿌듯함의 맛이 더해진다

잃음은 사라지고 얻음은 남게 된다
잃음으로 사라짐을 슬퍼하고 아쉬워만 말고

얻음으로 남는 기쁨과 뿌듯함에 맛을 더하자

잃음 속에서 얻음을 보자
슬픔 속에서 기쁨을 보고
아쉬움 속에서 뿌듯함을 보자

'이게 어디야'는 얻음의 맛을 더한다
'이게 어디야'는 기쁨의 맛을 더한다
'이게 어디야'는 뿌듯함의 맛을 더한다

*

　잃음으로 슬픔과 아쉬움 속에만 빠져있으면 잃음과 슬픔과 아쉬움이 맞물려 얻은 기쁨과 뿌듯함이 안 보인다.
　잃음은 사라지게 되는 것이라 슬픔도 아쉬움도 사라져 버리고 말 것을 그 속에 빠져 붙잡고 있으면 그것이 또한 슬픔과 아쉬움을 더하는 꼴이 된다.

　'이게 어디야'로 슬픔 속에서 기쁨을 보고, 아쉬움 속에서 뿌듯함을 보아야 한다. 그리하면 슬픔으로 더한 기쁨의 맛을 얻게 되고, 아쉬움으로 더한 뿌듯함의 맛을 얻게 된다.

　　　　　　　　　　　인생길 새롭게 열다

얻고자 함이 무엇인가

무엇을 하든 질문하라

지금 얻고자 함이 무엇인가

앞으로 얻고자 함이 무엇인가

어떤 행위나 현상도 반드시 얻고자 함이 있다

얻고자 함이 없이 일어나는 행위나 현상은 없다

'왜'는 얻고자 함이다

'이유'도 얻고자 함이다

'목적'도 얻고자 함이다

'동기'도 얻고자 함이다

얻고자 함을 명료하게 하라

얻고자 함이 명료하게 이어지면

이어진 만큼 팽팽한 에너지가 흐르고
이어진 만큼 가치와 의미가 깊어진다

*

얻고자 함으로 명료하게 연결되지 않는 행위는 더 이상의 가치와 의미가 없는 것이 된다. 얻고자 함으로 명료하게 이어지면 그만큼 가치가 명료해지고 의미가 깊어진다.

'왜?'는 '얻고자 함이 무엇인가?'이다 '왜 일을 하는가?'는 일을 해서 얻고자 함이 무엇인가 이며, '왜 사는가?'는 살아서 얻고자 함이 무엇인가를 묻는 것이다.

'왜?'를 '얻고자 함이 무엇인가?'로 바꾸어 보자. 그러면 질문이 명료해지고 명료한 답을 얻을 수 있다.

'이유'도 '목적'도 '동기'도 '얻고자 함이 무엇인가?'로 질문하면 명료하게 답을 찾기 쉬워진다.

인생길 새롭게 열다

목표와 목적

목표는 목적과 맞물려 있다

목표는 드러나 보이는 것이고

목적은 드러나 보이지 않는 것이다

목표는 형식이고 목적은 내용이다

형식은 드러나 보이고 내용은 드러나 보이지 않는다

목표는 과정이고 목적은 결과이다

목표는 수단이고 목적은 결과이다

목표는 목적을 위해 쓸모가 있을 때 가치가 있고

목표가 목적과 이어질 때

목적이 이끄는 힘이 작용한다

목표는 계량해서 수량으로 드러낼 수 있는 것이고 목적은 계량해서 드러낼 수 없는 것이다.

목표는 과정이지 끝이 아니며 목적이 끝이고, 목표가 목적을 이끄는 게 아니라 목적이 목표를 이끈다. 예로 '성공해야 행복한 게 아니라, 행복해야 성공한다'는 말에서 보듯이 성공은 목표이고 행복은 목적이며, 성공의 '목표'가 끝이 아니고 행복의 '목적'이 끝이며, 성공의 '목표'가 행복의 '목적'을 이끄는 것이 아니라 행복의 '목적'이 성공의 '목표'를 이끄는 것이다.

행복을 얻고자 함의 목적이 목표의 과정 단계 마다 명료하게 이어질 때 목적이 이끄는 힘이 흐르고 동기부여가 이루어진다.

목표를 과정으로 인식하지 못하고, 목적으로 혼동하거나 또는 목표를 끝으로 인식하면 긴장과 집착이 더하여짐으로써 목적에 도달하기 어렵게 된다.

목적을 얻기 위한 목표가 아니면 목표는 무의미하다. 목표를 통해 목적이 얻어지지 않으면 무의미한 목표이며, 목표가 목적으로 이어지지 않으면 무모한 목표에 지나지 않는다.

경로 확장

경로는 생각과 행동의 신경망이다

경로는 상황 처리 능력과 문제 해결 능력의 바탕이다

경로 확장은

상황 처리와 문제 해결의 신경망 확장이다

경로 확장은 신경망의 새로운 회로를 형성한다

새로운 회로는 오래된 회로와 맞물려

뇌가 선택할 수 있는 대안과 경로의 수를 늘린다

삶이 변화되려면 몸과 마음이 변화해야 하고

몸과 마음이 변화되려면 신경망이 변화해야 하고

신경망이 변화되려면 경로가 확장되어야 하고

경로가 확장되려면 새롭게 생각하고 행동해야 한다

다양하게 경로를 확장하라

다양하게 생각하고 행동하라

새롭게 생각하고 행동하면

상황 처리 능력이 높아지고

새롭게 생각하고 행동하면

문제 해결 능력이 높아지고

새롭게 생각하고 행동하면

창의력과 통찰력이 높아진다

＊

생존 능력은 상황 처리 능력, 문제 해결 능력, 창의력에서 나온다. 상황 처리 능력과 문제 해결 능력과 창의력은 두뇌 신경 체계에 형성된 신경망에서 나온다. 신경망은 몸과 마음의 경험으로 형성된다.

생존 능력을 높이려면 다양하고 새로운 경험으로 새로운 신경망을 확장해 상황 처리, 문제 해결, 창의력의 바탕을 확장하면 된다.

새로운 행동과 생각으로 몸과 마음의 새로운 경로 열기는 뇌

신경망에서 새로운 생물학적 회로가 형성되게 한다. 새로운 회로는 기존에 의존해온 익숙한 회로와 맞물려 뇌가 선택할 수 있는 대안과 경로의 수를 늘린다.

새롭게 생각하고 행동하는 효율적인 방법은 맞물리게 생각하고 행동하는 것이다. 익숙한 생각과 행동에만 머물지 않고 낯선 생각과 행동이 맞물리게 하면 차원이 다른 경지를 열 수 있다.

안 하던 짓 하자

안 하던 짓 하기는 익숙한 흐름 벗어나기 이다

익숙한 흐름은 자동으로 흐르고

자동으로 흐름은 정해진 흐름이고

정해진 흐름은 치우침이다

안 하던 짓 하기는 치우침에서 벗어나기 이다

안 하던 짓 하기는 자유 의지 이다

하던 짓은 다른 길이 없는 선택이고

안 하던 짓은 다른 길로 가는 선택이다

다른 길이 없는 선택은 필연적인 운명이고

다른 길로 가는 선택은 자유로운 의지이다

안 하던 짓 하기는 통념의 틀 넘기 이다

하던 짓은 통념의 틀 안에서 맴돌기 이고

인생길 새롭게 열다

안 하던 짓은 통념의 틀 밖으로 나가기 이다

통념의 틀 안에서 맴돌면 제자리 성장이고

통념의 틀 밖으로 나가면 새로운 도약이다

＊

미국의 한 심리학 교수가 말한다. "이미 잘 알고 있는 익숙한 영역에서 벗어나 새로운 것에 도전하면 더 똑똑해진다."

더 똑똑해진다는 것은 뇌신경체계에 상황 처리 경로가 더 많아진다는 말이다. 새로운 것을 하면 뇌신경체계에 새로운 경로가 생성된다. 안 하던 것을 하면 다양한 경로가 생성된다. 새롭고 다양한 경로가 확장될수록 그만큼 더 똑똑해져 상황 처리 능력이 높아진다.

세상에서 뛰어난 성취를 이루어내는 능력의 핵심은 통념을 넘나드는데 있다. 익숙한 통념에 안주하고 싶어 하면 통념의 틀 안에 갇히게 되어 새로운 것을 찾을 수 없게 된다.

뛰어난 성취는 새롭고 참신한 길이 열릴 때 가능하고, 새로운 길은 통념의 틀을 넘어야 하고, 통념의 틀을 넘으려면 안 해보던 짓 하기가 그 출발이다.

방식을 바꿔라

삶의 현재 결과가 바람직하지 않다면

삶의 방식을 바꿔라

방식이 결과를 낳는다

지금까지의 방식은 지금과 같은 결과를 낳는다

새로운 다른 방식이 새롭게 다른 결과를 낳는다

같은 방식으로 더 열심히 한다고

결과가 달라지지 않는다

같은 방식은 같은 결과를 낳고

다른 방식은 다른 결과를 낳는다

바람직한 결과를 원한다면

바람직한 결과를 낳을 수 있는 방식으로 바꿔라

인생길 새롭게 열다

바람직한 결과를 낳을 수 있는 방식은 무엇인가
모든 바람직한 결과의 핵심은 이어짐의 안정이고
이어짐의 안정을 낳는 방식의 핵심은
맞물림 균형이다

삶의 결과는 삶의 방식이 낳는다
바람직한 삶의 결과를 원한다면
삶의 방식을 맞물림 균형 방식으로 바꿔라

*

암을 정복한 사람들의 이야기에서 가장 주목할 것은 '삶의 방식을 과감히 바꾸었다는 것'이다. 자신의 치료를 의사에게만 의존하지 않았다든지, 신념과 긍정의 자세, 식생활과 운동, 면역요법 적극 활용 등 모든 것이 삶의 방식을 바꾼 항목들이다.

병이라는 결과는 그때까지 삶의 방식에서 비롯된 것이다. 그러므로 병으로부터 벗어나려면 병의 결과를 낳은 삶의 방식을 바꾸면 된다.

그 밖의 바람직하지 않은 어떤 결과도 결국 삶의 방식이 낳은 것이므로 바람직한 결과를 원하면 이전 삶의 방식을 바꾸면 된다.

없애지 마라

생각을 버리지 마라

욕심을 버리지 마라

생각도 욕심도 없애지 마라

생각을 버리고 없애기도 생각이고

욕심을 버리고 없애기도 욕심이다

뒷 생각이 앞 생각을 버리고 없애려는 것이고

뒷 욕심이 앞 욕심을 버리고 없애려는 것이다

무엇이든 버리고 없애려고 애쓰지 마라

한 쪽이 없어지면 반대 쪽도 없어진다

무엇이든 쌍으로 맞물려

생겨나고 사라지게 되어 있다

무엇이든 버리고 없애지 말고 품어라

무엇이든 품어야 온전해진다

인생길 새롭게 열다

생각 있음과 생각 없음이 맞물리게 하라

욕심 있음과 욕심 없음이 맞물리게 하라

생각 없음이 무심이고 욕심 없음이 무욕이다

생각과 욕심이 없어지면 무심과 무욕도 없어진다

생각과 욕심도 품고 무심과 무욕도 품어라

생각과 욕심만 있고 무심과 무욕이 없으면 반쪽이다

생각과 욕심은 없고 무심과 무욕만 있어도 반쪽이다

생각과 욕심도 있고 무심과 무욕도 있어야 온전하다

*

일단 생겨난 모든 것은 버리거나 없앤다고 없어지지 않는다. '없앰'에는 다시 '생겨남'이 맞물리기 때문이다. 쓰레기를 버린다고 쓰레기가 없어지지 않는다. 쓰레기를 없애면 다시 쓰레기가 생겨난다.

생명체에서 일어난 생각과 감정, 욕구와 욕망 등도 마찬가지로 버린다고 없어지지 않으며 다시 생겨난다. 생명체에서 일어나는 모든 것은 가리거나 눌러 덮어버려 어두운 자리로 옮겨지면 흙에 덮인 씨앗처럼 저절로 싹이 움터 올라온다.

마음을 힘들게 하는 욕심, 미움, 소유, 고통, 불안 뿐만 아니라 무엇이든 있는 것을 없애려 하면 치우침이다. 힘들게 하는 요소들 보다 없애려고 애를 써서 치우침이 병을 일으키는 더 큰 요인이다.

　없애지 말고 품을 줄 알아야 한다. 무엇이든 품을 수 있어야 온전해질 수 있다.

인생길 새롭게 열다

착하지 마라

착하다는 나쁘다와 맞물려 있다

착하다는 남이 바라는 대로 하는 것이고

나쁘다는 남이 바라는 대로 하지 않는 것이다

착하다는 남의 말을 잘 듣는 것이고

나쁘다는 남의 말을 잘 안 듣는 것이다

착하다는 자기가 하고 싶은 대로 하지 않는 것이고

나쁘다는 자기가 하고 싶은 대로만 하는 것이다

착하지 마라

착하다는 남이 바라는 대로 사는 것이고

착하다는 자기가 하고 싶은 대로 살지 못하는 것이다

남이 바라는 대로 사는 것은 남의 삶을 사는 것이고

자기가 하고 싶은 대로 살지 못해도 남의 삶이다
내가 바라는 대로 사는 것이 나의 삶을 사는 것이고
자기가 하고 싶은 대로 사는 것이 나의 삶이다

'착하지 마라'는 '나쁘기도 하라'이다
착하기도 하고 나쁘기도 하여 맞물리게 하라
착하게 남이 바라는 대로 하기도 하고
나쁘게 내가 바라는 대로 하기도 하자
착하기와 나쁘기가 맞물림 균형을 이루면
다른 차원의 온전한 삶이 열린다

*

착하기만 해도 치우침이고 나쁘기만 해도 치우침이다. 착하기도 하고 나쁘기도 하여 팽팽하게 맞물림 균형을 이루면 착하기도 나쁘기도 아닌 다른 차원이 열려 온전함에 이르게 된다.

착하기와 나쁘기의 양극이 맞물려 균형이 이루어지려면 몸과 마음과 정신이 맞물림 균형으로 운용되어야 가능하다. 몸에서 양극이 맞물려 균형이 이루어지는 경로를 열고, 그것을 바탕으로 마음과 정신의 경로를 열면 된다.

약점 살리기

약점은 강점과 맞물려 있다

강점이 있어 약점이 있고

약점이 있어 강점이 있다

약점이 없으면 강점도 없고

강점이 없으면 약점도 없다

강점도 있고 약점도 있음이 맞물림 균형이다

강점만 있고 약점이 없으면 치우침이고

약점만 있고 강점이 없어도 치우침이다

강점만 챙겨 살리고 약점을 숨겨 죽이면

치우쳐 무너진다

강점과 약점이 맞물리게 하라

강점만 살리지 말고 약점도 없애지 말고 살려라

강점도 있고 약점도 있고

동시에 맞물려 균형을 이루면

강점과 약점에서 새롭게

차원이 다른 경쟁력이 나온다

*

약점과 강점은 남과 비교된다. 남보다 약하고 남보다 강하다고 비교 평가한다. 남보다 약하고 강하고는 좋다 나쁘다도 아니고 잘하고 못하고도 아니다. 오로지 남과 다르다는 사실만으로 가치가 있다.

나의 약점과 강점은 남 다른 점이다. 남 다른 점을 가진 '나'가 나다운 '나'이다. 생존 경쟁에서 중요한 것은 비교 평가되는 약점과 강점이 아니라 남 다른 역할이다. 남 다른 나의 역할이 나의 사회적 가치이고 그것이 생존에 유리한 결정적인 요소이다.

남 다른 나의 약점과 강점에서 생존에 유리한 남 다른 나의 역할이 나온다. 특히 깊은 뿌리를 가진 약점일수록 남 다른 나의 역할의 깊은 뿌리가 된다.

인생길 새롭게 열다

나의 약점을 드러내고 인정해야 한다. 그리하면 약점에서 새로운 연관성을 찾을 수 있어 약점이 강점으로 작용될 수도 있다. 강점이 약점이 되고 약점이 강점이 되는 순차적인 맞물림이 또한 세상의 이치이다.

비전을 꿈꾸지 마라

비전은 더 잘난 나를 꿈꾸는 그림이다
비전은 더 잘난 나를 꿈꾸며 못난 나를 덮는다
비전은 지루한 나를 신나는 나로 포장한다

지루한 나는 잘난 나가 드러나지 않음이고
신나는 나는 잘난 나가 드러나고 있음이다

두뇌에서 상상으로 꿈꾸는 잘난 나는 착각이다
두뇌는 실제와 상상을 구별하지 못한다

두뇌의 착각으로 신나는 나는 꿈일 뿐이다
꿈에서 깨어나면 신나던 나는 사라진다

비전으로 더 잘난 나를 꿈꾸지 마라

더 잘난 나는 더 못난 나와 맞물리게 되어 있다
비전을 꿈꾸지 말고 실제로 못난 나를 드러내라
잘난 나가 드러나려면 못난 나가 드러나야 한다
못난 나를 감추면 잘난 나도 파묻힌다

통념은 잘난 나를 드러내고 못난 나를 감춘다
못난 나를 드러냄은 통념을 벗어나는 일이다
통념으로 잘난 나를 드러내고
통념을 벗어나 못난 나를 드러내면
잘난 나와 못난 나가
맞물림 균형으로 다른 차원이 열린다
다른 차원이 열릴 때
차원이 다른 탁월한 성취를 이룬다

*

　비전은 더 잘난 나를 꿈꾼다. 흔히 말하는 "잃어버린 꿈과 비전"이란 일상에서 잘난 나가 파묻혀 버린 것을 말하는 것이고, "가슴 뛰는 비전의 놀라운 위력"은 가슴에 잘난 나를 다시 찾는 꿈과 비전을 품으면 더 잘난 나를 이루게 해주는 놀라운 힘이 있다는 뜻이다. 그러나 비전으로 꿈꾸는 잘난 나는 꿈일 뿐이고, 꿈을 깨면 잘난 나는 사라지고 만다.

비전을 꿈꾸는 황홀한 순간은 꿈속이지 실제가 아니다. 세상에서 탁월한 성취를 인정받은 사람들처럼 비전을 세운다고 그들처럼 되지 않는다. 천만 달러의 몸값을 받기 위해 모조 수표를 품고 다녔다는 미국의 어느 영화배우의 흉내를 낸다고 그처럼 되지 않는다.

탁월한 성취를 이루어내는 핵심은 비전이 아니라 통념을 벗어나는 관점이다. 흔한 통념의 관점으로만 세상을 보는 것이 아니라 통념을 벗어난 관점으로 세상을 볼 수 있는 능력이 함께 있어야 한다. 통념의 관점과 통념을 벗어난 관점의 맞물림 균형이 이루어지는 흐름 속에서 차원이 다른 탁월한 성취의 경지가 열리게 되는 것이다.

인생길 새롭게 열다

칭찬 하지 마라

칭찬은 잃음은 빼고 얻음만 계산한다

잃음은 빼고 얻음만 계산하면 치우침이다

얻음만 있어 한쪽으로 치우치면 무너진다

'칭찬하지 마라'는 '얻음만 계산하지 마라'이다

잃음이 있어야 얻음이 있고

얻음이 있으면 잃음이 있다

칭찬으로 얻음만 계산하지 말고

있는 그대로 얻음과 잃음을 함께 계산하자

칭찬은 잘난 나를 드러내주고 못난 나를 감추어 준다

잘난 나가 드러나서 못난 나가 감춰지면 치우침이다

잘난 나만 있어 한쪽으로 치우치면 무너진다

'칭찬하지 마라'는 '못난 나를 감추지 마라'이다
못난 나가 있어야 잘난 나도 있고
잘난 나가 있으면 못난 나도 있다
칭찬으로 잘난 나만 드러내지 말고
있는 그대로 잘난 나와 못난 나를 함께 드러내자

칭찬 하기는 남에게 요구하고 기대하기 이고
칭찬 받기는 남에게 보여주고 인정받기 이다
칭찬 하기는 비교 우위에서 상대를 밟는 것이고
칭찬 받기는 비교 열세에서 상대에게 밟히는 것이다

칭찬 해서 남에게 요구 기대하면
책임을 떠 맡아야 하고
칭찬 받아 남에게 인정받으면 부담을 떠 안게 된다
칭찬 해서 상대를 밟으면 밟은 만큼 당하게 되고
칭찬 받아 상대에게 밟히면 밟힌 만큼 되갚게 된다

칭찬 하지도 말고 칭찬 받으려 하지도 마라
삶의 책임을 대신 떠 맡지도 말고 떠 맡기지도 말자
밟고 밟히며 당하고 되갚는 에너지 낭비를 하지 말자
비교 차원에서 나오는 칭찬으로 부담 주고 갖지 말고

인생길 새롭게 열다

비교 차원에서 벗어나 있는 그대로 당연하게 가자

*

흔히 '칭찬은 고래도 춤추게 한다'고 믿으며, '칭찬은 아무리 해도 지나치지 않는다'고 말한다. 그렇게 믿고 말하는 그들은 칭찬으로 춤을 추고 난 뒤는 어떻게 되는지 전혀 생각하지 않는다. 조금만 더 뒤를 살펴보면 칭찬은 앞으로 벌고 뒤로 밑지는 장사와 같다.

칭찬으로 얻는 것이 있다면 반드시 얻은 만큼 잃는 것이 맞물리게 되어있다. 칭찬은 요구와 기대를 낳고 요구와 기대는 부담을 낳는다. 칭찬은 남들이 요구하고 기대하는 기준에서 나온다. 그러므로 칭찬으로 춤추게 되면 남의 장단에 맞춰 춤을 추는 격이다.

칭찬은 자신의 삶이 아니라 남에게 보여주고 인정받기 위한 삶으로 몰아가는 우를 범한다. 칭찬하는 자는 북으로 장단을 넣고 칭찬 받는 자는 그 장단에 맞춰 춤을 추는 곰과 같다. 칭찬하지도 말고 칭찬받으려고도 하지 말아야 한다. 결코 남의 삶을 책임져 줄 수도 없고 남이 자신의 삶을 책임져 주지도 않기 때문이다.

피하지 마라

피하지 말고 마주 하자
피하기는 덮어 놓고 보지 않는 것이다
마주하기는 있는 그대로 보는 것이다

피하기는 눈 가리고 없는 것으로 계산하기이다
마주하기는 눈 뜨고 있는 그대로 계산하기이다

피하지 마라
피한다고 없어지지 않는다
보이지 않을 뿐이다
보여야 계산을 할 수 있고 계산을 해야 없어진다

피하면 불안이 스며들어 오고
마주하면 불안이 빠져 나간다

인생길 새롭게 열다

피하면 치우침으로 가고 마주하면 균형으로 간다

피하면 못 본 만큼 잃고 마주하면 잘 본 만큼 얻는다

＊

긍정적으로 살려고 애쓰지 말아야 한다. 긍정적으로만 살고자 하면 치우침이다. 긍정이 있으면 부정이 있고 부정이 있어야 긍정이 있으니 부정적인 삶이 없이 긍정적인 삶만 있을 수 없다.

'긍정적으로 생각하자'는 '부정적인 생각을 피하자'이고, '긍정적으로 살아가자'는 '부정적인 삶을 피하자'이다. 긍정적으로 살며 피한다고 부정적인 삶이 없어지지 않는다.

'긍정적으로 살지 마라'는 '긍정적인 쪽으로 피하지 마라'이다. 부정적인 상태를 긍정적인 쪽으로 피하면 긍정만 있고 부정은 없애려고 하는 것이다. 부정이 있어야 긍정도 있다. 부정이 없으면 긍정도 없어진다. 결국 긍정적인 쪽으로 피하면 그 긍정도 없어지게 된다.

긍정적으로만 살면 치우침으로 무너지고 만다. 긍정은 긍정대로 있고 부정은 부정대로 있게 해야 한다. 긍정과 부정이 맞물림 균형을 이루면 다른 차원이 열려 온전한 경지에 이른다.

좋음과 싫음

좋음은 싫음과 맞물려 있다

좋음과 싫음의 기준은 얻음과 잃음이다

얻으면 좋음이고 잃으면 싫음이다

얻는 게 있음으로 이어지면 좋음이고

잃는 게 있음으로 이어지면 싫음이다

좋음과 싫음은 잘난 나로 이어진다

잘난 나를 얻게 되면 좋음이고

잘난 나를 잃게 되면 싫음이다

*

공부를 좋아한다는 것은 공부해서 무엇인가 얻어지는 게 있음으로 이어지는 것이고, 공부가 싫다는 것은 공부해서 얻어지는 게 이어지지 않는다는 이야기이다.

그 사람을 좋아한다는 것은 그 사람에게서 무엇인가 얻어지는 게 있어서 이고, 그 사람을 싫어한다는 것은 그 사람에게서 전혀 얻어지는 게 없거나 잃는 게 있어서 이다.

얻어지는 게 있으면 일단 좋은 것이다. 무엇이든 어디에서든 얻어지는 것을 계산하면 어찌되었든 좋은 것이 된다.

어떤 현상이나 행위도 궁극적으로 얻어지는 것 없이 일어나는 일은 없다. 그렇다면 어떤 현상이나 행위에서도 얻어지는 게 있으므로 어떤 것도 좋은 것이 아닐 수 없다.

무엇이든 그것을 통해서 얻는 것을 계산하면 좋은 것이 되고, 그것이 실질적으로 긍정하는 방법이다. 어떤 것도 좋은 것이고 마침내 어떤 것도 싫을 게 없다면 결국 궁극은 긍정이다.

누구나 이기적이다

나를 위한 이기利己와
남을 위한 이타利他가 맞물려 있다

이기가 있어 이타가 있고 이타가 있어 이기가 있다
이타가 없으면 이기도 없고
이기가 없으면 이타도 없다

이기를 위한 이기도 치우침이며 계속 될 수 없고
이타를 위한 이타도 치우침이며 계속 될 수 없다
이기를 위해 이타가 있고 이타를 위해 이기가 있다
'이기를 위한 이타'에도 나를 위한 이기가 있고
'이타를 위한 이기'에도 나를 위한 이기가 있다

나만을 위해 살지도 말고

인생길 새롭게 열다

남만을 위해 살지도 마라

나도 위하고 남도 위하며 맞물리게 하자

그리하여 나도 남도 품어낸 다른 차원의 삶길을 열자

＊

세상에 단지 '남을 위해서'라는 것은 없다. 남을 위함은 결국 나를 위함이다. 진정으로 남을 위함이 되려면 오히려 나를 위함이 먼저 되어야 남을 위함이 가능할 수 있다.

'내'가 존재하고 있어 남이 있는 것이고 세상이 있는 것이니, 남을 위하고 세상을 위하는 것은 먼저 '내'가 존재하고 있어서 가능한 것이다. '내'가 존재하지 않으면 남도 세상도 없는 것이 된다.

어느 누구도 나를 대신해 살아주거나 죽어줄 수 없다. 어느 누구도 내가 살고 죽는 데 아무런 책임도 지지 못한다. 나를 위함이 먼저이고 궁극이며, 나를 위해 남을 위할 수 있는 것이다. 남을 위함이 나를 위함으로 이어지지 않으면 남을 위할 수 없다.

겸손

겸손은 교만과 맞물려 있다
겸손은 낮춤이고 교만은 높임이다

겸손은 자기를 낮추고 남을 높인다
교만은 자기를 높이고 남을 낮춘다

낮춤과 높임은 맞물려 있다
낮춤이 있으면 높임이 있고
높임이 없으면 낮춤도 없다
겸손이 있으면 교만이 있고
교만이 없으면 겸손도 없다

자기를 낮춤은 자기를 높임과 맞물리고
남을 높임은 남을 낮춤과 맞물린다

인생길 새롭게 열다

자기를 높임이 없으면 자기를 낮춤도 없고
남을 낮춤이 없으면 남을 높임도 없다

겸손은 자기를 낮추면서 자기를 높임이고
겸손은 남을 높이면서 남을 낮춤이다
결국 겸손은 자기를 높이고 남을 낮추는 일이다
자기를 높이고 남을 낮추면 교만이 된다

*

겸손 하려고 애쓰지 말아야 한다. '겸손 하지 마라'는 '교만 하지 마라'이다. 겸손과 교만은 낮춤과 높임에서 비롯된다.

낮추고 높임은 비교 평가에서 오는 것이다. '겸손 하지 마라'는 '비교 평가 하지 마라'이다. 비교 평가는 곧 비교 우위에 서기 위한 절차이다.

비교 우위는 생존 유지를 위한 생존 경쟁에서 유리한 자리에 서려는 본능적 욕구이다. 그런데 생존 경쟁이 아닌 존재 경쟁으로까지 확산되어 존재의 비교 우위를 위해 에너지 소모전을 하고 있다.

비교 평가는 생존의 문제를 위한 절차이다. 비교 평가를 존재의 문제로까지 확대해 오산하지 말아야 한다. 겸손으로 낮추지도 말고 교만으로 높이지도 말아야 한다. 겸손하다고 존재가 낮아질 리 없고 교만하다고 존재가 높아질 리 없다. 존재는 높고 낮고가 없이 '늘 있음'이다.

믿음

믿음은 의심과 맞물려 있다
믿음은 의심하지 않는 것이고
의심은 믿지 않는 것이다

믿음이 있어 의심이 있고 의심이 있어 믿음이 있다
믿음이 없으면 의심도 없고
의심이 없으면 믿음도 없다

믿음은 믿지 않음과 맞물리고
의심은 의심하지 않음과 맞물린다
'믿는다'는 믿음을 선택하고 믿지 않음을 배제한다
'믿는다'는 의심을 배제하고
의심하지 않음을 선택한다

'의심하지 않는다'는 '믿음을 선택하고 싶다'이다
'믿는다'는 '의심을 선택하고 싶지 않다'이다
'믿는다'는 '믿고 싶다'와 '의심하지 않고 싶다'이다
전혀 의심이 없다면 믿음이 아니고 당연함이다

믿음으로 가지 말고 당연함으로 가자
믿음으로만 치우치지 않고
의심으로만 치우치지 않고
믿음과 의심이 맞물림 균형을 이루면
다른 차원이 열린다
믿음과 의심의 맞물림으로 당연함의 차원을 열자

*

"믿어 의심치 않는다" 이렇게 말을 한다. '의심하지 않고 믿는다'라는 말이다. 의심하지 않는다는 것은 '의심한다'를 버린다는 것이고, 믿는다는 것은 '믿지 않는다'를 버린다는 것이다.

달리 말하자면 믿음도 선택이고 의심도 선택이다. 믿음과 믿지 않음 중에서 믿음 쪽을 선택하고 믿지 않음을 버린다는 것이고, 의심과 의심하지 않음 중에서 의심하지 않음 쪽을 선택하고 의심을 버린다는 것이다.

인생길 새롭게 열다

전혀 의심하지 않는다면 '믿는다'가 아니라 '당연하다'가 된다. 만약 어떤 일이 잘 될 것이라는 것을 전혀 의심하지 않는다면 '잘 될 거라고 믿는다'가 아니라 '그냥 당연하다'가 된다. 그냥 당연하다면 굳이 잘 될 거라고 믿지 않아도 된다. '잘 될 거라고 믿는다'는 말에는 잘 되지 않을 수 있다고 의심되는 부분이 있지만, 안보고 싶다는 바람이 들어있다.

믿음으로 가지 말고 당연함으로 가야 한다. 무조건 믿음만 가지려 하지 말고 의심도 동시에 가져 가야 당연함의 차원을 열 수 있다.

안정과 불안

불안은 한 쪽만 있고 반대 쪽은 없어 치우침이다
안정은 양쪽 다 있음으로 맞물림 균형이다
치우침은 갈라섬이고 맞물림 균형은 하나됨이다
갈라섬은 끊어짐이고 하나됨은 이어짐이다
끊어짐은 불안이고 이어짐은 안정이다

이어짐은 무한이고 끊어짐은 유한이다
무한은 변화 없음이고 유한은 변화 있음이다
변화 없음은 이어짐이고 변화 있음은 끊어짐이다
이어짐은 안정이고 끊어짐은 불안이다

안정은 불안과 맞물려 있다
안정이 있어 불안이 있고 불안이 있어 안정도 있다
안정을 얻으려면 불안을 마주해야 한다

불안을 피하면 안정도 없다

불안을 피하지 않고 마주해야 안정이 온다

*

누구나 바라는 행복, 성공, 기쁨, 만족 등 모두다 안정에서 오는 것이다. 안정은 변함없는 지속성에서 오는 것인데, 일반적으로 사람들은 변화 없음을 지루해하고 심심해하며 못 견뎌 한다.

사람들은 변화를 불안해하면서 변화에서 불안을 피하는데 능숙하고, 변함없는 지속성에서 안정을 얻는데 너무나 미숙하다. 그리하여 사람들은 변화가 있어도 불안하고, 변화가 없어도 불안하다.

모든 생명이 원하는 바는 궁극적으로 안정이다. 생명은 시작이 있으면 끝이 있을 수밖에 없어 유한하고, 끊임없이 변화하므로 본능적으로 불안할 수밖에 없다. 안정은 변함없는 지속을 통해서 얻어지는 것이기 때문이다. 생명에게 끝이 있는 한 불안은 끝이 없고, 생명이 끝날 때에야 불안도 끝이 난다.

가족

가족은 부부를 기초로 이어지고
가족은 삶의 길을 함께 가는 동반자이다

삶길을 함께 가려면
삶길을 가는 기준이 같아야 한다
가족은 삶의 기준이 같아야 가족이다

삶을 함께 잘 살아가려면
삶을 함께 잘 살 수 있는 삶의 기준이 필요하다
가족은 필요한 삶의 기준이 같아야 가족이다

부부가 삶의 기준이 같아야 가족이고
자식도 삶의 기준이 같아야 가족이다

　가족은 삶의 길을 함께 가는 삶의 '도반^{道伴}'이다. 누구나 삶을 잘 살아가기 위해서 함께 가는 가족을 원한다.

　가족의 기초가 되는 부부가 인연을 맺을 때 전제가 되어야 하는 것이 삶의 기준이다. 함께 가기 위해 삶의 기준이 같은가가 결혼의 가장 우선되는 전제 조건이다. 여타 다른 조건들이 같아도 '어떤 기준으로 삶의 길을 갈 것인지'가 같지 않으면 함께 갈 수가 없는 일이다.

　부부는 삶의 기준이 같은데 자식이 성장하면서 다른 삶의 기준을 세운다면 역시 삶의 길을 함께 갈 수 없는 일이다.

　삶의 기준은 세상과 삶의 이치에 근거한다. 인류 역사를 통해 최상의 삶의 기준으로 삼을 만한 삶의 이치가 바로 '중용^{中庸}'이다. 중용의 핵심은 '맞물림 균형'이다.

　양극이 맞물림 균형으로 통일의 차원에 이르게 하는 중용의 맞물림 균형 원리를 삶의 기준으로 삼을 때 삶을 잘 살 수 있게 해주는 최상의 길이 열린다.

쓸모 없음의 쓸모

쓸모 없음은 쓸모 있음과 맞물려 있다

쓸모 있음이 있어 쓸모 없음이 있고

쓸모 없음이 있어 쓸모 있음이 있다

쓸모 없음이 없으면 쓸모 있음도 없다

쓸모 없음이 있어야 쓸모 있음이 살아나니

쓸모 있음에게 쓸모 없음이 쓸모가 있다

쓸모 없는 것을 없애지 마라

쓸모 없는 것이 있어 쓸모 있는 것이 산다

*

쓸모 없는 것과 쓸모 있는 것이 맞물려야 쓸모 있는 것이 생

인생길 새롭게 열다

생하게 살아난다. 쓸모 없는 것을 없애버리고 쓸모 있는 것만 있으면 한쪽으로 치우쳐 팽팽한 생기가 사라지고 만다. 생기가 사라지면 쓸모 있는 것도 사라지고 만다.

예를 들어 길을 걸으며 발을 디딜 때 정작 발바닥이 닿는 부분만 걷는 데 쓸모가 있음이다. 그런데 쓸모 있는 닿는 부분만 있고 그 밖의 쓸모 없는 닿지 않는 다른 부분이 없다면 발을 내딛기 어려워진다. 쓸모 없는 다른 부분이 함께 있어 쉽게 발을 내딛을 수 있고, 발바닥이 닿는 부분의 쓸모가 살아나므로 쓸모 없는 부분도 쓸모가 있는 것이다.

자존심

자존심은 잘난 나를 지키려고 한다

잘난 나는 나를 남보다 높이려고 한다

남보다 높이려면 남을 낮춰야 한다

남을 낮추려면 남을 밟아야 한다

밟음은 밟힘과 맞물린다

남을 밟으면 밟은 만큼 내가 밟히게 된다

내가 밟히면 자존심이 구겨지고 상한다

결국 자존심은 자존심을 상하게 만든다

나를 높이려고 남을 낮추지 마라

남에게 굽히지 않는다고 잘난 나가 지켜지지 않는다

잘난 나는 못난 나와 맞물려 있다

잘난 나를 지키면 못난 나도 남는다

자존심은 스스로 자신의 품위를 지키는 마음이다
스스로 품위를 지키는 방법은 남이 없어도 된다
남 없이도 스스로를 지키는 것이 진정한 품위이다

남에게 기대어 있지 말고 스스로 있으라
남에게 기대어 있음은 의존(依存)이고
스스로 있음은 자존(自存)이다
스스로 자존하는 만큼 자존심이 지켜진다

*

　자존심은 "제 몸을 굽히지 않고 스스로 높이는 마음", "남에게 굽히지 않고 자신의 품위를 스스로 지키는 마음"이라고 국어 사전이 설명한다. '남에게 굽히느냐 굽히지 않느냐' 하는 수준에서는 진정으로 자존심을 지키는 일이 불가능하다.

　남과 비교해서 드러난 자존심은 남과 비교되지 않으면 사라진다. 남과 비교해서 나를 높이거나 나를 굽히지 않으려고 할 것이 아니라 남이 없어도 스스로 자신의 품위를 지킬 수 있을 때 그것이 진정한 자존심이다.

　스스로 높이고 자신의 품위를 지키려는 자존심(自尊心), 그리고 나의 가치와 능력이 있음을 느끼는 자존감(自尊感)으로 얻고자 하는 것은 자신이 없어서는 안 될 중요한 존재임을 확인하는 것이다. 있으나 마나 한 못난 나가 아니라 없어서는 안 될 잘난 나를 확인하고 느끼고자 하는 것이다.

자존(自尊)에서 자존(自存)으로 가야 한다. 남과 비교되는 기준에 의해서 얻어지는 자존(自尊)은 상대적이고, 남과 상관없이 남에게 의존하지 않고 스스로 존재하는 자존(自存)은 절대적이다. 상대는 유한하고 절대는 무한하다.

사랑

사랑은 하나됨이다

사랑은 나와 너가 맞물려 하나됨이다

사랑은 맞물려 나도 없고 너도 없이 하나됨이다

나도 없고 너도 없이 하나됨은

서로 경계 구분 없음이다

서로 경계 구분 없음은 나와 너로부터 해방됨이다

나와 너로부터 해방됨을 무아지경이라 한다

사랑은 나와 너로부터 해방되는 무아지경이다

사랑은 무아지경에 이르는 도구이고 장치이다

무아지경은 해탈 열반이고 천국이다

사랑은 해탈 열반과 천국에 이르는

도구이고 장치이다

*

사랑은 양극이 맞물려 하나됨이다. 주체와 대상, 나와 나 아
닌 모든 것, 개체와 전체가 맞물려 하나됨이다.

사랑은 구속에서 해방으로 가는 장치이다. 사랑은 자아의 틀
을 벗어나 해방되는 길을 연다. 해방으로 가지 않고 구속으로
가는 사랑은 사랑이 아니다.

사랑은 나도 없고 너도 없는 상태가 아니라 나와 너의 경계
구분이 없는 상태이다. 사랑이란 나와 너의 경계 구분이 없는
상태이니 '나는 너를 사랑한다'고 말할 수 없다. 사랑은 모든 경
계 구분이 없어지므로 사랑한다고 말할 수 없는 상태이다.

사랑한다는 말은 사랑에 대한 지난 기억이거나 앞으로의 기
대일 뿐이다.

인생길 새롭게 열다

영원

영원은 순간과 맞물린다

순간은 이어지지 않고 끊어짐이고

영원은 끊어지지 않고 이어짐이다

순간은 시간의 경계 구분이 있음이고

영원은 시간의 경계 구분이 없음이다

순간은 이어지지 않아 분리된 불안이고

영원은 끊어지지 않아 통합된 안정이다

영원을 추구함은 안정을 추구함이다

인간은 영원히 안정된 이어짐을 추구한다

*

누구나 원하는 영원한 우정이나 영원한 사랑은 우정이나 사랑에 초점이 있는 것이 아니다. 우정이 영원하게 이어지고 사랑이 영원하게 이어지는 영원성에 초점이 있다. 우정이나 사랑이 끊이지 않고 이어짐을 통해 안정감과 영원성을 얻는데 초점이 있다.

인간이 궁극적으로 얻고자 하는 것은 안정 상태이고 이어짐이다. 안정과 불안, 이어짐과 끊어짐이 맞물려 경계 구분이 사라지면 그것이 바로 무한이고 영원이다.

인생길 새롭게 열다

인간성

인간성은 동물성과 신성의 맞물림이다

인간다움은 동물성과 신성의 맞물림 균형이다

인간이 동물성으로 치우치면 인간 이하이고

인간이 신성으로 치우치면 인간 이상이다

인간 이하로 치우치거나 인간 이상으로 치우치면

인간이 인간답지 못하다

인간이 인간답지 못할 때 욕을 먹거나 소외 된다

동물성은 개체 영역이고 신성은 전체 영역이다

동물성은 표층 차원이고 신성은 심층 차원이다

동물성은 외부를 향하고 신성은 내면을 향한다

동물성은 생존 욕구이고 신성은 존재 욕구이다

동물성은 표층 차원에서
외부를 향한 개체의 생존 욕구이고
신성은 심층 차원에서
내면을 향한 전체의 존재 욕구이다

온전한 인간성은
개체와 전체
표층과 심층
외부와 내면
생존과 존재의 맞물림 균형이다

*

욕은 어째서 모욕감을 일으키는 것일까? 욕은 주로 동물성
을 가리키는 말이고, 인간은 동물성만 있는 것이 아니기 때문
에 욕이 모욕감으로 온다.

인간은 동물성만이 아니라 신성의 영역이 함께 맞물려 있기
때문에 인간을 동물성으로 취급하면 나머지 신성을 무시당함
으로써 모욕을 느끼게 된다. 정말 인간에게 동물성만 있다면
동물을 동물이라고 말한다고 해서 욕이 될 리가 없다.

"인간성 더럽다", "인간성이 되 먹지 않았다", "인간성이 의심된다", 인간성을 들먹이는 말들은 모두 사람이 동물성으로 치우침을 지적하고 있다.

인간다움은 인간이 동물성과 신성의 맞물림 균형을 이룰 때 열리는 것이다. 인간다움의 인간성은 동물성도 신성도 아닌, 동물성과 신성의 맞물림 균형으로 열린 다른 차원의 경지이다.

결혼

결혼은 짝으로 맞물림이다
남성 쪽과 여성 쪽이 맞물리고
남편 쪽과 여편 쪽이 맞물린다

결혼은 짝으로 함께 가는 여정이다
결혼은 새생명 창조를 위한 여정이며
결혼은 전체성 회복을 위한 여정이다

새생명 창조는 인간으로서의 의무이고
전체성 회복은 인간으로서의 권리이다

남성과 여성의 맞물림이 새생명 창조의 길이다
남편과 여편의 맞물림이 전체성 회복의 길이다

*

　결혼이 서로 잘난 나의 결합이 되면 결혼 생활은 서로 잘난 나를 비춰보고 확인하는 절차가 된다. 서로에게서 잘난 나를 잘 확인할 수 없게 되면 곧 바로 자식을 통해 잘난 나를 확인하기 위해 자식에게 공을 들인다.

　그리하여 자식은 부모의 잘난 나를 확인시켜주는 소중한 도구가 되어 버리고, 그래서 자식이 소중하지만 부모의 잘난 나를 빛내주지 못하면 그런 자식은 구박 덩어리가 될 수밖에 없다. 결국은 못난 자식이라고 구박을 해서라도 상대적으로 부모 자신은 잘난 나로 남고 싶어 하는 사태가 벌어지고 만다.

내면 심층 자리

내면 심층은 외부 표층과 맞물려 있다
외부 표층은 몸과 마음의 움직임이 있는 자리이고
내면 심층은 몸과 마음의 움직임이 없는 자리이다

외부 표층은 생각으로 번잡한 자리이고
내면 심층은 침묵으로 고요한 자리이다

외부 표층은 입자로 꽉 찬 자리이고
내면 심층은 파동으로 텅 빈 자리이다

외부 표층은 양극성 차원이고
내면 심층은 통일성 차원이다
양극성 차원은 경계 구분 있음이고
통일성 차원은 경계 구분 없음이다

인생길 새롭게 열다

경계 구분 있음은 시작도 있고 끝도 있음이고

경계 구분 없음은 시작도 없고 끝도 없음이다

내면 심층은

시작과 끝의 경계 구분이 없는 자리이고

내면 심층은

끊어짐과 이어짐의 경계 구분이 없는 자리이다

경계 구분 없는 차원은

양극성의 맞물림 균형으로 열린다

외부 표층의 양극성이 맞물림 균형을 이룰 때 열린다

내면 심층은

몸과 마음의 움직임과 멈춤이 맞물릴 때 열린다

*

내면 심층 자리는 흔히 고요하고 환하게 텅빈 자리라고 표현한다. 사실 내면 심층 자리는 상대의 경계 구분이 없어 말이나 글로 구분해서 표현할 수 없는 자리이다.

외부 표층의 경계 구분 있는 차원에서 볼 때 '고요하고 환하게 텅빈'이라고 할 수 있다.

내면 심층은 시작과 끝의 경계 구분도 없고, 끊어짐과 이어짐의 경계 구분도 없이 늘 있는 자리이다.

　고요하다, 환하다, 텅비었다는 생각이 일어나기 전의 감각의 자리이고, 그 감각의 느낌이 시작도 없고 끝도 없고, 끊어짐도 이어짐도 없어 경계구분이 없이 늘 있는 자리이다. 그것을 경계 구분이 있는 외부 표층에서 상대적으로 '무한', '영원'이라고 구분한다.

집중과 몰입

집중은 몰입과 관조의 맞물림 균형이다

몰입은 한 부분에 빠져 들어 간 상태이고

관조는 한 부분에서 빠져 나온 상태이다

빠져 든 몰입도 치우침이고

빠져 나온 관조도 치우침이다

빠져 듦과 빠져 나옴이 맞물려 균형을 잡을 때

차원이 다른 집중의 진정한 경지가 열린다

몰입은 하나만 보는 것이고

관조는 하나로 보는 것이다

하나만 보면 부분이 보이고

하나로 보면 전체가 보인다

집중은 부분을 보면서 전체를 동시에 보는 것이다

*

집중의 참 경지를 얻는 방법은 몰입과 관조의 맞물림 균형을 이루는 것이고, 몰입과 관조의 맞물림 균형을 이루는 방법은 몸에서 시작된다. 몸에서 맞물림 균형의 경로가 열리면 마음과 정신에서도 맞물림 균형의 경로가 쉽게 열린다.

몸이 맞물리게 감각하고 맞물리게 행동하는 경로를 열고 체화하면 몰입과 관조의 맞물림 균형을 이루는 경로가 쉽게 열리고, 그리하여 집중의 참 경지에 이를 수 있다.

인생길 새롭게 열다

무
념

무념은 잡념과 맞물린다

무념은 쓸데 없는 생각 전혀 없음이고

잡념은 쓸데 없는 생각 많이 있음이다

무념으로 생각이 전혀 없기만 해도 치우침이고

잡념으로 생각이 많이 있기만 해도 치우침이다

무념도 있고 잡념도 있어 맞물려야

차원이 다른 일념의 상태가 열린다

쓸데 없는 생각 전혀 없는 무념과

쓸데 없는 생각 많이 있는 잡념이

맞물림 균형을 이루면

쓸데 있는 생각 활짝 열려 일념의 경지에 이른다

＊

무념은 잡념이 없이 있을 수 없다. 따라서 잡념을 없애면 무념도 없게 된다. 무념도 흐르고 잡념도 흐르며 맞물려야 일념이 나온다.

무념은 전체 차원의 의식이고, 잡념은 부분 차원의 생각이다. 전체 차원에서 있는 그대로 실제를 의식하고 동시에 부분 차원에서 상상으로 생각하는 것이 맞물림 균형을 이룰 때 온전한 경지에 이른다.

인생길 새롭게 열다

무아

무아는 '나'가 없음이 아니다
무아는 '나의 경계 구분'이 없음이다

나와 남의 경계 구분 있음이 자아이고
나와 남의 경계 구분 없음이 무아이다

자아는 표층 차원이고 무아는 심층 차원이다
표층 차원은 경계 구분이 있고
심층 차원은 경계 구분이 없다
경계 구분이 있음은 갈라서 끊어짐이고
경계 구분이 없음은 하나로 이어짐이다

자아는 외부와 갈라서 끊어진 개체 차원이고
무아는 내면과 하나로 이어진 전체 차원이다

＊

무아는 나와 남, 부분과 부분이 동시에 맞물려 하나된 전체 차원이다. 자아는 나와 남, 부분과 부분이 갈라져 분리된 부분 차원이다.

무아는 경계 구분이 없는 차원이다. 상대적으로 경계 구분이 없는 차원은 절대이고, 절대는 무한하고 영원하다.
자아는 상대적이고 무아는 절대적이다. 자아는 상대적 차원이라 순간이고 유한하다. 무아는 절대적 차원이라 영원이고 무한하다.

인생길 새롭게 열다

유유히 흐르자

삶은 흐름이다

오래 머물지 말고 흐르자

머물면 가라앉는다

삶에서 머묾과 머물지 않음이 맞물리게 하라

머묾은 멈춤이고 머물지 않음은 움직임이다

멈춤만 오래 지속되어도 치우침이고

움직임만 오래 지속되어도 치우침이다

멈춤 속에 움직임이 있어 맞물리고

움직임 속에 멈춤이 있어 맞물릴 때

멈춤과 움직임의 맞물림 균형에서 유유함이 나온다

삶을 유유히 흐르자

멀고 아득한 삶길을 여유롭게 유유히 흐르자
멈춤 속에 움직임이 있어 맞물리게 하고
움직임 속에 멈춤이 있어 맞물리게 하자

*

"동중정(動中靜), 정중동(靜中動)"은 움직임 속에 멈춤이 있어 움직임과 멈춤이 맞물리게 하고, 멈춤 속에 움직임이 있어 멈춤과 움직임이 맞물리게 한다는 뜻이다.

삶에서 머무는 것은 집착이다. 집착은 머물고 채우는 일이다. 삶을 온전하게 사는 이는 빈 배와 같이 오래 머물지 않고 많이 채우지 않으면서 유유히 흘러간다.

끝이 아니다

보이는 게 끝이 아니다

보이지 않는 영역이 맞물려 있다

들리는 게 끝이 아니다

들리지 않는 영역이 맞물려 있다

느끼는 게 끝이 아니다

느끼지 못하는 영역이 맞물려 있다

아는 게 끝이 아니다

모르는 영역이 맞물려 있다

하는 게 끝이 아니다

하지 못하는 영역이 맞물려 있다

사는 게 끝이 아니다

죽은 뒤의 영역이 맞물려 있다

끝이 있음이 끝이 아니다
끝이 없음의 영역이 맞물려 있다
끝이 없음이 끝과 맞물려 있으니
끝은 끝이 없음이다

끝은 부분이고 끝이 없음은 전체이다

*

끝이 아니라는 것은 어떤 것이든 그것이 다가 아니라는 것이다. 이 세상의 그 어떤 무엇도, 인식되는 것은 물론이고 인식되지 않는 것도 모두 전체의 한 부분이다.

'나'라는 개체 생명은 전체 생명 체계의 한 부분이다. 나의 몸도 마음도 전체의 한 부분이고, 감각도 행동도 생각도 감정도 에너지도 의식도 전체의 한 부분이다.
인간도 동물도 식물도 무생물도 모두 전체의 한 부분이다. 지구도 태양도 은하계도 우주도 전체의 한 부분이다.

끝이 있는 것은 부분이고, 끝이 없는 것은 전체이다. 사라지는 것은 부분이고 남는 것은 전체이다. 유한한 순간은 부분이

인생길 새롭게 열다

고 무한한 영원은 전체이다. '살아 있음'은 부분이고 '늘 있음'
은 전체이다.